CLINT EMERSON

KÄMPFE UND VERTEIDIGE DICH WIE EIN NAVY SEAL

AF649653

CLINT EMERSON

KÄMPFE UND VERTEIDIGE DICH WIE EIN NAVY SEAL

DIE BESTEN KAMPFTECHNIKEN DER SONDEREINSATZKOMMANDOS, BIKER GANGS UND KAMPFSPORTLER

riva

Bibliografische Information der Deutschen Nationalbibliothek
Die Deutsche Nationalbibliothek verzeichnet diese Publikation in der Deutschen Nationalbibliografie. Detaillierte bibliografische Daten sind im Internet über https://dnb.de abrufbar.

Für Fragen und Anregungen
info@m-vg.de

Wichtiger Hinweis
Ausschließlich zum Zweck der besseren Lesbarkeit wurde auf eine genderspezifische Schreibweise sowie eine Mehrfachbezeichnung verzichtet. Alle personenbezogenen Bezeichnungen sind somit geschlechtsneutral zu verstehen.

2. Auflage 2026
© 2023 by riva Verlag, ein Imprint der Münchner Verlagsgruppe GmbH
Türkenstraße 89
80799 München
Tel.: 089 651285-0

Die amerikanische Originalausgabe erschien 2021 bei Scribe Media unter dem Titel *100 Deadly Skills: COMBAT EDITION*. © 2021 by Clint Emerson. All rights reserved.

Alle Rechte, insbesondere das Recht der Vervielfältigung und Verbreitung sowie der Übersetzung, vorbehalten. Kein Teil des Werkes darf in irgendeiner Form (durch Fotokopie, Mikrofilm oder ein anderes Verfahren) ohne schriftliche Genehmigung des Verlages reproduziert oder unter Verwendung elektronischer Systeme gespeichert, verarbeitet, vervielfältigt oder verbreitet werden. Wir behalten uns die Nutzung unserer Inhalte für Text und Data Mining im Sinne von § 44b UrhG ausdrücklich vor.

Übersetzung: Egbert Baqué
Redaktion: Dr. Ulrich Korn
Umschlaggestaltung: Marc-Torben Fischer
Umschlagabbildung und Layout: Tom Mandrake
Satz: Daniel Förster
Druck: GGP Media GmbH, Pößneck
Printed in Germany

ISBN 978-3-7423-2211-1

Weitere Informationen zum Verlag finden Sie unter

www.riva-verlag.de

Beachten Sie auch unsere weiteren Verlage unter www.m-vg.de

Inhalt

EIN HINWEIS FÜR DIE LESER

Willkommen zum dritten Teil der Serie *100 Deadly Skills*, einer speziellen Ausgabe zum Kämpfen mit integriertem Videoinhalt. Die auf diesen Seiten vorgestellten Kampftechniken wurden von Spezialeinsatzkräften, Profikämpfern, Mitgliedern von Motorradgangs und Weltklasse-Kampfsportlern zur Verfügung gestellt – Experten, die die Grenzen ihrer Belastbarkeit, Präzision und ihrer Geschicklichkeit unter lebensbedrohlichen Bedingungen getestet haben. Sie haben ihr gefährlichstes Vorgehen in den Dienst der öffentlichen Sicherheit gestellt und Geheimnisse weitergegeben, die jedem helfen sollen, der sich in einer Gefahrensituation befindet.

Das so entstandene Handbuch soll Zivilisten mit einer Vielzahl von Kampfsystemen, Kampfsportarten, Waffen und Schusswaffen vertraut machen, die im Kampf, auf der Straße und im Ring eingesetzt werden. Die in diesem Buch für den zivilen Gebrauch angepassten Techniken sollen Ihnen helfen, lebensgefährliche Situationen zu meistern, vom Überfall bewaffneter Räuber bis hin zu Situationen, in denen Sie im Fadenkreuz eines Amokläufers stehen oder von Messerstichen eines Psychopathen bedroht werden. Dieses Buch soll Leben retten – Ihres und das der Menschen in Ihrem Umfeld.

Wie der Titel des Buches bereits andeutet, sind einige der Techniken extrem gefährlich, und viele sollten nur in den bedrohlichsten Situationen ausgeübt werden. Alle erfordern eine Einschätzung der eigenen Person, und ihre Notwendigkeit in einer bestimmten Situation hängt stark vom Kontext ab. Die Autoren, die mitwirkenden Fachleute, der Illustrator und der Herausgeber lehnen jegliche Haftung für Verletzungen ab, die sich aus der sach- oder unsachgemäßen Anwendung der in diesem Buch enthaltenen Informationen ergeben könnten. Das erklärte Ziel dieses Buches ist es nicht, lebensgefährliche Handlungen zu ermöglichen, sondern zu unterhalten und gleichzeitig einen Wissensschatz zu vermitteln, der in absoluten Notfällen hilfreich sein kann.

Setzen Sie sich lebensgefährlichen Situationen in Ihrer Fantasie aus, aber nicht im wirklichen Handeln (es sei denn, die Angriffe gegen Sie sind lebensbedrohlich). Respektieren Sie die Rechte anderer und die Gesetze des Landes. Möge der Beste überleben.

EINLEITUNG

Das Smartphone in Ihrer Tasche wird Sie nicht vor einem unerwarteten linken Haken oder einer Waffe schützen, die Sie nicht vorhersehen konnten. In unruhigen Zeiten sind Eigenverantwortung sowie das entsprechende Wissen und Training entscheidend.

Während die ersten beiden Bände der Reihe *100 Deadly Skills* die Leser auf viele unterschiedliche Bedrohungssituationen vorbereiteten, konzentriert sich die Ausgabe zu Kämpfen auf Begegnungen im Nahbereich, die den Einsatz von Nahkampftechniken oder Verteidigungswaffen erfordern. Um Sie auf eine Bandbreite besonderer Gefahren vorzubereiten, wurden die 100 lebensbedrohlichen Techniken, die Ihnen vorgestellt werden, aus unterschiedlichsten Quellen übernommen – aus der Welt der Spezialoperationen und Scharfschützen mit großer Reichweite sowie aus einem Schattenreich knallharter Kämpfer, das von Ninjutsu-Praktikern und Motorradgangs bevölkert wird. Das Waffenarsenal ist ebenso vielfältig und reicht von der Handfeuerwaffe bis zum behelfsmäßigen Einsatz eines Hammers, Schraubenschlüssels oder Stocks. Sie lernen sogar, wie Sie die Dinge in Ihrer nächsten Umgebung, etwa Türrahmen und Bordsteine, zu Ihrem Vorteil und zum Nachteil Ihres Gegners nutzen können.

In Anlehnung an Kommunikationsprotokolle aus der militärischen Vorgeschichte des Autors wird jede Technik in ihre entscheidenden Aspekte unter Verwendung eines sogenannten »Warnbefehls« (WARNO) aufgeteilt. Die Komponenten umfassen:

1. Situation: eine prägnante Beschreibung des Szenarios und Ihres Ziels – also das »Wer, Was, Wo, Wann und Warum«.
2. Aufgabe: ein Überblick über die zu erlernende Fähigkeit.
3. Ausführung: eine Aufschlüsselung der Schritte, die Sie zur Ausführung der Kampftechnik unternehmen müssen.
4. Hilfe und Unterstützung: alles, was Sie über Ausrüstung und Training wissen müssen.

5. Anweisung und Kontrolle: die verbleibenden Schritte, um die Kontrolle über die Situation zu erlangen. (Im militärischen Kontext liefert dieser Teil des WARNO wesentliche Informationen über die Befehlskette.)

Viele der Übungen werden auch von Videoinhalten ergänzt, die über einen QR-Code zugänglich sind. Siehe die Anleitungen im Kasten unten.

WIE MAN AUF VIDEOINHALTE ZUGREIFT

Um die in diesem Buch integrierten Videoinhalte anzusehen, benötigen Sie ein Smartphone. Probieren Sie es aus, indem Sie Ihr Telefon in den Kameramodus schalten und es auf den unten stehenden QR-Code richten. Verwenden Sie den Standardmodus – der Porträtmodus funktioniert nicht. Achten Sie darauf, dass alle Kanten des Barcodes sichtbar sind. Wenn Ihr Handy den Code »liest«, werden Sie entweder automatisch zum Video weitergeleitet oder sehen einen Dropdown-Link, den Sie anklicken können. Alle Inhalte sind englischsprachig.

Genug geredet. Machen wir uns bereit, einige gefährliche Kampfstrategien und -techniken zu üben – wobei »üben« das Schlüsselwort ist. Einüben, ausüben und wiederholen. In einer Überlebenssituation ist das Gedächtnis Ihrer schnellen Muskelfasern (ST-Fasern) Ihr Freund. Üben Sie die Techniken in diesem Buch, bis Sie Ihnen in Fleisch und Blut übergegangen sind. Und wer weiß? Vielleicht treffen Sie eines Tages auf mich.

Hinweis des Verlags: Dieses Buch wurde für den amerikanischen Markt geschrieben, und die Waffengesetze in den USA unterscheiden sich von denen der Bundesrepublik Deutschland. Wenn im Verlauf des Buches von dem »Führen einer Schusswaffe« durch Privatpersonen die Rede ist, so trifft das auf Deutschland **nicht** zu. Den sogenannten Großen Waffenschein, der zum Führen einer Waffe in der Öffentlichkeit berechtigt, bekommen hierzulande nur Personen, die für Bewachungs- und Werttransportunternehmen arbeiten, ausgehändigt. Zudem ist es nur Polizei- und Zollbeamten in Deutschland erlaubt, Schusswaffen zu tragen.

Auch Messer unterliegen rechtlichen Vorgaben; für den privaten Besitz oder das Tragen in der Öffentlichkeit ist in der Regel die Länge der Klinge und die Funktionsweise des Messers ausschlaggebend. Bitte informieren Sie sich diesbezüglich über das deutsche Waffengesetz (WaffG).

BLAUER, TONY

DER HARTE KERL

Codename: Coach
Grundlegende Skills: Verhaltensbasierte Kampfkunst
Weiterführende Skills: Begründer der SPEER-Strategie

Hintergrund: Tony Blauer ist der Gründer und Geschäftsführer von Blauer Tactical Systems. Tony hat Pionierarbeit in den Bereichen Forschung und Trainingsmethoden geleistet, die seit 1987 Verteidigungstaktiken, Kampfsportarten und Kampfsportausbilder auf der ganzen Welt beeinflusst und inspiriert haben.

Mit mehr als 40 Jahren professioneller Trainingserfahrung ist Tony bei fortschrittlich orientierten Ausbildern sowie in Unternehmensbereichen und Organisationen gefragt, die die Sicherheit und Überlebensfähigkeit ihrer Mitarbeiter durch seine einzigartige Herangehensweise an die mentale Einstellung und die Psychologie des Konfrontationsmanagements verbessern wollen. Darüber hinaus ist er auf einen wissenschaftlichen Ansatz für Szenario-Trainings und extreme Nahkampftaktiken spezialisiert.

Tonys Unternehmen, Blauer Tactical Systems (BTS), ist eine der weltweit führenden Beratungsfirmen, die sich auf die Erforschung und Entwicklung von Kampftraining und Ausrüstung für das Militär, die Strafverfolgungsbehörden und Selbstverteidigungsgemeinschaften spezialisiert hat.

CHARLES MANSON

DER FEIND

Hintergrund: Der amerikanische Kriminelle und Sektenführer Manson gründete Mitte 1967 die sogenannte Manson-Familie, eine in Kalifornien beheimatete Quasi-Kommune. Im Juli und August 1969 begingen seine Anhänger eine Serie von neun Morden, die die ganze Nation schockierten. Manson wurde zudem wegen vorsätzlichen Mordes verurteilt und für den Tod von Gary Hinman und Donald Shea verantwortlich gemacht. Vor den Morden hatte Manson bereits mehr als die Hälfte seines Lebens in Justizvollzugsanstalten verbracht.

001 SPEER

Spontaner Schutz (Erschrecken) Ermöglicht eine schnellere Reaktion (Kraftschub, um der Gefahr zu begegnen)

Situation: Kampf oder Flucht ist die Überlebensreaktion des Körpers auf eine Bedrohung oder Gefahr. Während dieser Reaktion werden Hormone wie Adrenalin oder Cortisol ausgeschüttet, die die Herzfrequenz erhöhen, die Verdauung verlangsamen, den Blutfluss zu den wichtigsten Muskelgruppen umleiten und verschiedene Funktionen des Nervensystems verändern, was dem Körper einen Kraft- und Energieschub verleiht. Einen Sekundenbruchteil bevor die Hormone freigesetzt werden, setzt die Schrecksekunde ein, um Gehirn und Körper zu schützen. Wir alle reagieren körperlich in etwa gleich, wenn wir erschreckt werden. Unsere Hände schießen in die Höhe, um unseren Kopf zu schützen, wir gehen in die Knie, um uns auf einen Aufprall vorzubereiten, der Geräuschpegel steigt und unser Gesichtsfeld wird kleiner. Wenn wir uns diese körperlichen Reaktionen zu eigen machen und sie im Kontext der Gefahr sehen, können wir überleben, ganz gleich, in welcher Weise wir bedroht werden.

Aufgabe: Nutzen Sie Ihren Schreckmoment als Übergang, um sich auf die bedrohliche Situation einzulassen.

Ausführung: Bei einer Konfrontation, vor allem, wenn sie völlig unvorbereitet sind, sollten Sie sich nicht mehr brav wie ein Lamm verhalten, sondern sich der bedrohlichen Situation etwas anpassen. Weichen Sie mit Ihrer starken Seite einen kurzen Schritt nach hinten, um eine bessere Kampfhaltung einzunehmen. Ihre Finger sind leicht gekrümmt und weit gespreizt, Ihre Ellbogen sind mehr als 90 Grad angewinkelt, um sowohl als Speer als auch als Schild zu dienen. Ihr Gewicht ist gleichmäßig auf beide Beine verteilt, mit den Fußballen stützen Sie sich auf dem Boden ab. Sie

No. 001: SPEER

können auf drei verschiedene Arten von dem Angreifer zurückweichen: indem Sie instinktiv Ihren Kopf mit den Armen schützen, die Gefahr von sich weisen oder sich schräg zum Gegner stellen, wobei Sie sich mit eingezogenem Kinn zur Seite drehen und auch hier Ihren Kopf schützen. Da Sie sich nun in einer idealen Angriffsposition befinden, halten Sie die Finger gespreizt, die Daumen und Zeigefinger berühren sich, um einen SPEER zu bilden, und attackieren mit den Händen Ihren Gegner, während Sie die Höhe und den Winkel Ihres Gegenangriffs ändern.

Hilfe und Unterstützung: Um Ihre Kampfreaktion, die Ihnen womöglich das Leben rettet, beim Training zu simulieren, üben Sie, Ihre Hände hochzuheben und in die entsprechende Position zu bringen, und nehmen dann eine starke, dem Gegner zugewandte Kampfhaltung ein.

Anweisung und Kontrolle: Abstand halten oder schaffen. Wenn Sie Ihre Arme außerhalb eines 90-Grad-Winkels halten, können Sie den Abstand zwischen sich und Ihrem Gegner halten. Sind Ihre Ellbogen jedoch weniger als 90 Grad angewinkelt, ist es für den Angreifer leichter, an Sie heranzukommen und den Abstand zu verringern, was ihm möglicherweise einen Vorteil verschafft.

002 Mit der Körperhaltung signalisieren, dass Sie keine Konfrontation suchen

Situation: Unsere Körpersprache macht 60 Prozent unserer Kommunikation aus, ohne dass wir auch nur ein Wort von uns geben. Und ganz gleich, ob Ihr Gegner Körpersprache gut deuten kann oder nicht, spürt er instinktiv, ob Sie ein trainierter Kampfsportler sind oder nicht. Ihr Ziel ist es, Ihre Körpersprache zu nutzen, um Ihr kämpferisches Geschick zu kaschieren. Im Idealfall, und wenn Sie es richtig anstellen, kann Ihre Körperhaltung, die signalisiert, dass Sie keine gewalttätige Konfrontation suchen – Ihre sogenannte »gewaltfreie Haltung« –, auch zur Deeskalation dienen. Gleichzeitig kann sie aber auch Ihre wertvollste Waffe sein.

Aufgabe: Machen Sie Ihre gewaltfreie Körperhaltung zur Waffe.

Ausführung: Im Grunde genommen gibt es keine richtige oder falsche Haltung. Eine typische gewaltfreie, konfrontationsnegierende Haltung zeichnet sich dadurch aus, dass die Hände angehoben sind, die Füße schulterbreit auseinanderstehen, Sie selbst Angst vortäuschen und Ihren Gegner verwirren. In dieser Haltung sind es Ihre Hände, die sich am nächsten zum Kopf des Gegners befinden, und dadurch schützen Sie Ihren Kopf vor Schlägen. Außerdem ist es eine instinktive Bewegung, die leicht zu erlernen ist. Eine andere Pose wäre, die Daumen in die Hosentaschen zu stecken und so dem Gegner gegenüberzustehen. Wenn Ihr Körper keine Konfrontation signalisiert, ist das einerseits eine unschuldige, deeskalierende Körpersprache, anderseits bereitet sie Sie auf den Kampf vor. Ihre gewaltfreie Haltung sollte dem Bösewicht, umstehenden Personen und möglichen Zeugen eines potenziellen Kampfes verdeutlichen, dass Sie harmlos sind.

No. 002: MIT DER KÖRPERHALTUNG SIGNALISIEREN, DASS SIE KEINE KONFRONTATION SUCHEN

Hilfe und Unterstützung: Trainieren Sie Ihre gewaltfreie Haltung, indem Sie diese zu Ihrer Ausgangsposition für alles das machen, was Sie bereit sind zu tun. Wenn Sie sich für die Standardhaltung mit erhobenen Händen entschieden haben, trainieren Sie Schläge, Messerstiche, das Ziehen einer Pistole und andere offensive Reaktionen aus dieser Position heraus. Tun Sie dasselbe für Defensivreaktionen. Üben Sie diese zehnmal vor dem Spiegel, bevor Sie Ihr Haus verlassen, und mit der Zeit werden Sie mit Ihrer »harmlosen« Körperhaltung überraschend schnell und instinktiv reagieren können.

Anweisung und Kontrolle: Denken Sie daran, dass Ihre Körpersprache auch Mimik, Gestik, Augenbewegungen, Berührungen, die Art und Weise, wie Sie den Raum nutzen, und Ihr gesamtes Verhalten umfasst, und sie agieren größtenteils unbewusst. Es ist die Interpretation der Körpersprache und des Verhaltens, die die Interaktionen zwischen Menschen regelt. Eine gewaltfreie Haltung erzählt Ihrem Gegner und den Zuschauern eine Geschichte. Signalisieren Sie mit Ihrem Körper nach Möglichkeit keine anderen Absichten, sodass Ihr Gegner auf Ihre Täuschung hereinfällt.

003 Mit der Hand in das Gesicht des Gegners greifen

Situation: Eine gut eingeübte, harmlos erscheinende Haltung bietet mehrere Angriffsmöglichkeiten. Wenn Sie mit etwas weiter auseinandergestellten Füßen stehen, Ihre Hände anheben und sie langsam und besänftigend vor- und zurückbewegen, geben Sie Ihrem Gegner zu verstehen, dass Sie keinen Ärger haben wollen. Mit dieser Gestik können Sie einen Konflikt zuweilen präventiv beenden, wenn Sie das Gefühl haben, dass eine Eskalation droht. In anderen Fällen reicht ein Schlag, auf den eine Kombination mehrerer Schläge folgt, um den Streit zu beenden. Und in wieder anderen Fällen kann es für Sie vorteilhafter sein, nicht zuzuschlagen, sondern mit Ihrer Hand in das Gesicht des Gegners zu greifen. Dadurch haben Sie seinen Kopf und seine Bewegungen unter Kontrolle, um den Konflikt zu Ihren Gunsten effektiver zu beenden.

Aufgabe: Bekommen Sie den Kopf des Gegners in Ihren Griff, um auch seinen Körper zu kontrollieren.

Ausführung: Wie eine kurze Gerade schießt Ihre Führhand auf das gegnerische Gesicht zu. Es hat den Anschein, als würden Sie mit gespreizten und etwas gekrümmten Fingern mit der Handfläche zuschlagen. Der entscheidende Unterschied zwischen einem Schlag mit der Handfläche und dem Ergreifen des gegnerischen Gesichts mit der Hand besteht jedoch darin, dass Sie bei Letzterem das Gesicht des Angreifers festhalten und Sie Ihre Hand nicht wieder zurückziehen wie bei einem Schlag.

No. 003: MIT DER HAND IN DAS GESICHT DES GEGNERS GREIFEN

Hilfe und Unterstützung: Wie jede Bewegung muss man auch diese trainieren, damit sie Wirkung zeigt. Das Training in einem vertrauten Umfeld ist gut, aber das Anlegen von Helmen und Schonern ist besser. Tony hat eine Auswahl an Ausrüstung, mit der sich realistische Trainingsszenarien gut nachstellen lassen, damit Sie Ihr Geschick effektiv testen können. Mithilfe eines Partners mit Schutzausrüstung können Sie Ihre Techniken verfeinern und herausfinden, wie man agiert und reagiert.

Anweisung und Kontrolle: Sich des Abstands zwischen Ihnen und Ihrem Angreifer bewusst zu sein, ist in jeder brenzligen Situation von entscheidender Bedeutung. Sie können dadurch die Lage besser einschätzen, ganz gleich, ob Sie sich in einem begrenzten Raum befinden oder sich mehreren Bedrohungen ausgesetzt sehen. Wenn Sie sich Ihrer Kampfzone vergewissert haben, gewinnen Sie Zeit, und Zeit bietet Ihnen mehrere Möglichkeiten.

004 Schlag mit der hinteren Hand

Situation: Die Terminologie der relevanten Schläge und Hiebe zu kennen ist unerlässlich für alle Nahkampftechniken. In der Welt des Boxens ist der erste Schlag ein Jab, eine kurze Gerade, und der zweite ein Cross. Eine Eins-zwei-Kombination funktioniert auch mit der Führhand und der hinteren Hand, der Schlaghand. Die Führhand ist die Hand, die dem Ziel am nächsten ist, und die Schlaghand ist weiter vom Ziel entfernt. Normalerweise ist die Führhand die schwache Seite und die Schlaghand die starke, da Sie in einer leichten Schrägstellung stehen. Schläge mit dem Handballen können wie Faustschläge ausgeführt werden, und die Wahrscheinlichkeit von Knochenbrüchen ist hier geringer. Das Letzte, was Sie wollen, ist, sich mitten im Kampf etwas zu brechen, denn das beeinträchtigt Ihre Leistung und Ihr Vorgehen, sodass Ihr Gegner die Oberhand gewinnt.

Aufgabe: Mit Schnelligkeit führen, mit Kraft überwältigen.

Ausführung: Alle Schläge können einzeln ausgeführt werden, sollten aber idealerweise mit mehreren verschiedenen Schlägen kombiniert werden, um bessere Chancen zu haben, das Ziel zu treffen. Richten Sie den Schlag mit der Führhand auf das Gesicht des Gegners aus und halten Sie es für den Schlag mit der hinteren Hand fest. Da es sich beim Zupacken mit der Führhand nicht um einen Schlag, sondern um einen Zugriff handelt, sollte sie bis zur letzten Sekunde an ihrem Platz bleiben. Die Handfläche drückt den Kopf des Gegners zurück und legt seinen Hals und den unteren Teil des Kiefers frei. Gleich danach erfolgt der Schlag mit der hinteren Hand, und zwar ziemlich tief angesetzt. Die Schlaghand zielt auf den oberen Bereich des Brustbeins oder auf den Halsansatz. Wenn Ihr Schlag mit dem Handballen von der oberen Brust des Angreifers abgleitet, erhöht sich die Wahrscheinlichkeit, dass er auch die Unterseite des ungeschützten Kiefers trifft.

No. 004: SCHLAG MIT DER HINTEREN HAND

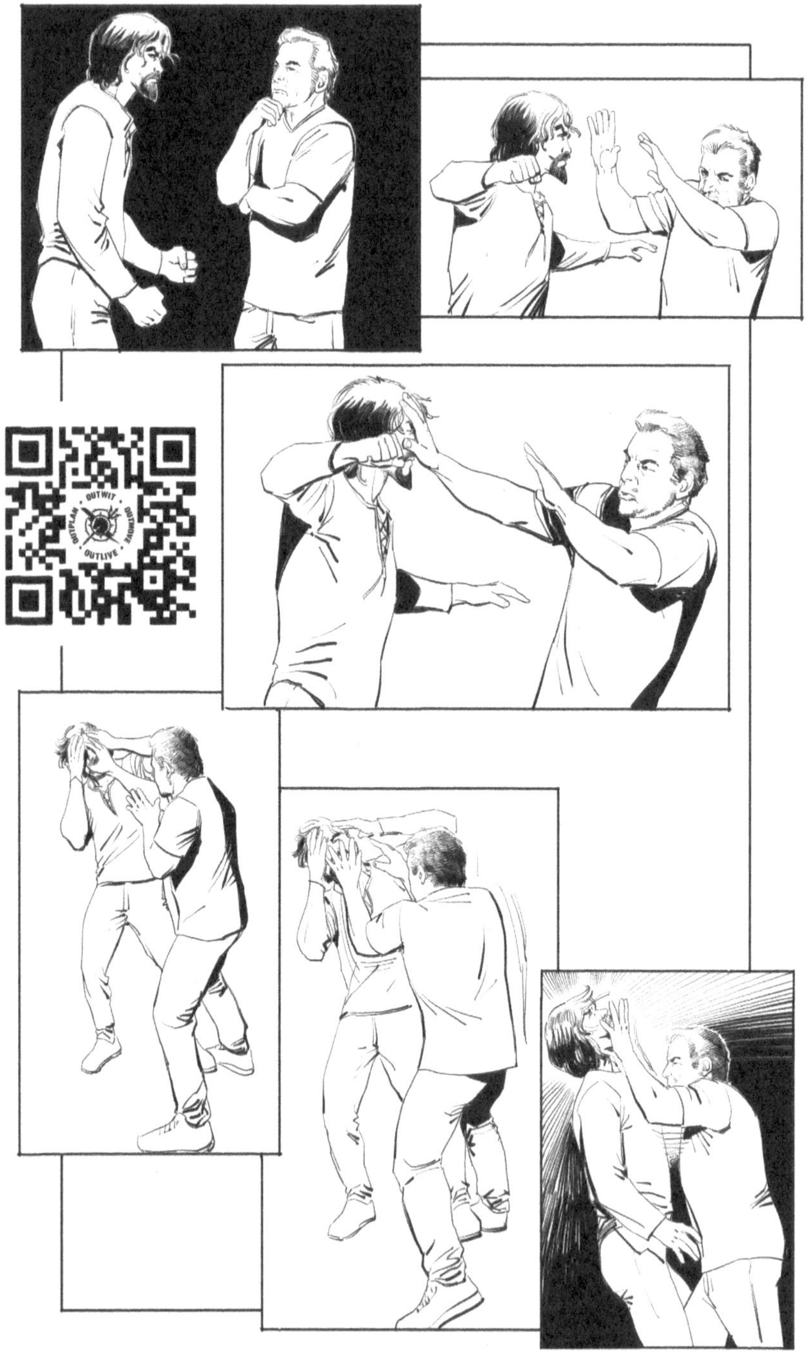

Hilfe und Unterstützung: Ihre Handbewegungen sind nur ein Teil der Gleichung und meist der letzte. Schnelligkeit und Kraft sind beides Ganzkörperaktivitäten. Wenn Sie einen Schritt nach innen machen, während Sie mit Ihrer zielenden Hand nach vorne preschen, drehen Sie sich gleichzeitig von Ihrem hinteren Fuß bis zur Hüfte. Wenn diese Kraft Ihre hintere Hand durchdringt, können Sie dem Schuft einen kräftigen Schlag verpassen, der ihm das Licht ausbläst.

Anweisung und Kontrolle: Seien Sie sich über Ihre Position im Klaren, wenn Sie in einen Kampf verwickelt werden. Sie kämpfen entweder inner- oder außerhalb des Kampfbereichs. Befinden Sie sich innerhalb des Bereichs, können Sie überall getroffen werden. Außerhalb des Kampfbereichs sind Sie zu weit entfernt, als dass der Gegner Sie treffen könnte, und Sie sind im Allgemeinen in Sicherheit. Ihre Körpergröße und Reichweite sowie die des Gegners spielen eine wichtige Rolle für den Ausgang des Kampfes. Wenn Sie einen kombinierten Hieb mit Führ- und Schlaghand austeilen, sollten Sie dem Bösewicht auf die Pelle rücken. Bleiben Sie konzentriert und versuchen Sie, die Gegenangriffe zu erahnen.

005 Die korrekte SPEER-Haltung

Situation: Im Kampfsport werden die Stellungen trainiert, um für einen Kampf »bereit« zu sein, und berücksichtigen nur selten das Überraschungsmoment. Die meisten Stellungen werden so gelehrt, als wüsste man immer schon im Voraus, wann man aktiv werden muss. Diese eher unrealistische Annahme mag für Wettkämpfe oder für Kämpfe im Ring gelten, ist aber abwegig, wenn man sich auf der Straße verteidigen will. Es können verschiedene Haltungen gelehrt werden, die sich dahin gehend unterscheiden, ob es sich um offensive oder defensive Techniken handelt. Ihre Haltung könnte so aussehen:

1. Offen oder geschlossen; bezieht sich auf den Abstand zwischen beiden Füßen (weit oder kurz) oder den Abstand zwischen Vorder- und Hinterfuß und den Winkel, in dem die Füße stehen.
2. Hoch oder niedrig; meint die gebeugten Knie und die Körperhöhe im Vergleich zu einem normalen aufrechten Stand.
3. Gewichtsverlagerung; bezieht sich darauf, wie das eigene Körpergewicht auf einen oder beide Füße verteilt ist.

All diese Faktoren sind in Betracht zu ziehen, aber keiner von ihnen berücksichtigt unsere natürlichen Reflexe, die uns schützen, wenn wir überrumpelt werden. Diese natürlichen menschlichen Reaktionen bilden das Fundament für die SPEER-Haltung und nicht etwa antrainierte Haltungen für bestimmte Bewegungen.

Aufgabe: Lassen Sie sich hinsichtlich Ihrer Haltung von Ihrem natürlichen Instinkt leiten.

No. 005: DIE KORREKTE SPEER-HALTUNG

Ausführung: Ihre Führhand ist nach oben gerichtet, der Ellbogen steht höher als 90 Grad zum Körper, die Finger sind gespreizt und auf den Gegner gerichtet. Die Schlaghand schnellt nach oben, um das Gesicht zu schützen, wobei die Finger gespreizt sind und der Handrücken sich zwischen Nase und Mund befindet. Sie stehen mit dem Rumpf leicht versetzt, und Ihr Gewicht ist gleichmäßig auf die Fußballen verteilt. In dieser Stellung können Sie Ihr Gewicht je nach Aktion des Gegners auf eines der beiden Beine verlagern.

Hilfe und Unterstützung:

1. Üben Sie, zuerst mit Ihren Händen zu reagieren und dann eine Stellung einzunehmen.
2. Ihr Trainingspartner und Sie gehen aufeinander zu, ohne dass der eine den anderen angreift. Es geht nur darum, die Gefahr zu wittern und den Abstand sowie den Bereich für Ihre Reaktionen besser einschätzen zu können.
3. Wechseln Sie in die SPEER-Haltung, sobald jemand in Ihre Gefahrenzone eingedrungen ist.

Ihre Beinarbeit richtet sich stets nach ihren Handbewegungen.

Anweisung und Kontrolle: Die SPEER-Haltung ist der Übergang zum nächsten Schritt.

006 Der taktische SPEER

Situation: Die Spartaner kämpften mit einem Schild und einem Speer in der Hand. Trotz der heroischen Darstellung spartanischer Schlachten und Eins-gegen-eins-Kämpfen mit Kurzschwertern durch die Hollywoodfabrik wurden die meisten Kämpfe gewonnen, indem die Schilde vor sich hervorgeschoben und der Feind damit umgerempelt wurde. Reihen von Spartanern traten in direkter Konfrontation an, Schild gegen Schild, und bekämpften eine gegnerische Linie mit derselben Taktik. Die Spartaner verschanzten sich hinter den Schilden und versetzten dem Feind verheerende Schläge, indem sie ihn mit einem einzigen Stoß mit dem Schild zurück oder zu Boden warfen. Bruce Lees Ein-Zoll-Schlag ist ganz ähnlich. Er konnte seine Kraft von den Beinen über die Hüfte in die Faust übertragen – nur wenige Zentimeter von seinem Ziel entfernt –, um Bretter zu zertrümmern und seine Gegner zurückzuschlagen. Diese Art von Kraft zu erzeugen und freizusetzen erfordert eine koordinierte Anstrengung mehrerer grobmotorischer Fähigkeiten, keine rohe Gewalt. Der taktische SPEER ist genau das: eine Kombination grobmotorischer Fähigkeiten, um wirkungsvolle kurze Schläge auszuteilen.

Aufgabe: Setzen Sie Ihre nächstgelegene Waffe gegen das Ziel ein, das Ihnen am nächsten ist.

Ausführung: Nach dem ersten Angriff sind Sie mit dem Vergeltungsschlag an der Reihe.

Mit der SPEER-Stellung, bei der die Finger weit gespreizt und die Ellbogen höher als 90 Grad zum Körper sind, unterbrechen Sie die Bewegungsabläufe Ihres Gegners. Unmittelbar danach greifen Sie mit entschlossener Kraft wieder an, indem Sie auf Ihren Gegner losgehen und ihm einen überraschenden doppelten Stoß mit dem Unterarm versetzen.

No. 006: DER TAKTISCHE SPEER

Hilfe und Unterstützung: Üben Sie den taktischen SPEER mit einem Trainingspartner. Greifen Sie sich gegenseitig mit verschiedenen Schlägen und Takedowns an, während Sie Ihre Unterarme sowohl als Schild als auch als Speer einsetzen.

Anweisung und Kontrolle: Zu wenig Platz oder Zeit muss Sie nicht daran hindern, kraftvoll und schnell zu handeln. Wenn Sie die Biomechanik verstehen, die erforderlich ist, um auf engstem Raum Kraft zu generieren und freizusetzen, wird er Ihnen nicht mehr so eng vorkommen. Räumliches Empfinden ist entscheidend, um Abstand zu schaffen und diesen zu Ihrem Vorteil zu nutzen.

JEFFRIES, TONY

DER HARTE KERL

Codename: Coup de Grace (Gnadenstoß)
Grundlegende Skills: Profiboxer
Weiterführende Skills: Boxtrainer

Hintergrund: Tony wurde in Sunderland, England, geboren, wuchs in der Gegend von East Herrington auf und besuchte das Farringdon Community Sports College. Im Alter von zehn Jahren begann er mit dem Boxen, inspiriert von seinem Onkel William Young »Billy« Bryce, einem ehemaligen Profiboxer, und trat dem Sunderland Amateur Boxing Club bei. Tony gewann 1999 die Schulmeisterschaften für Jungen, 2001 Gold bei den European Cadets (U17) und 2003 den YMCA International Cup für Junioren in Neu-Delhi. Zudem war er Halbfinalist der Junioren beim Brandenburg Cup 2003 und bei den Junioren-Europameisterschaften 2003 in Warschau. Tony hat neun englische Titel und zahlreiche Medaillen gewonnen und in 106 Kämpfen (96 Amateur- und 10 Profikämpfen) 56-mal für England/Großbritannien teilgenommen.

Tony qualifizierte sich für die Olympischen Spiele 2008 und gewann eine Bronzemedaille, nachdem er im Halbfinale gegen den irischen Boxer Kenny Egan verloren hatte. Am 23. September 2012 gab Tony auf Facebook bekannt, dass er sich vom aktiven Sport zurückzieht. Zahlreiche Probleme mit seinen Händen und erfolglose Operationen und Behandlungen ließen ihm keine andere Wahl. Tony arbeitet heute im Boxstudio Box 'N Burn in Santa Monica, Kalifornien, dessen Besitzer er auch ist.

RICHARD REID

DER FEIND

Hintergrund: Richard Colvin Reid, auch bekannt als der »Schuhbomber«, ist ein britischer Terrorist, der 2001 auf dem American-Airlines-Flug 63 von Paris nach Miami eine Schuhbombe zünden wollte. Reid, dessen Vater ein Berufsverbrecher war, konvertierte als junger Mann im Gefängnis zum Islam, nachdem er jahrelang als Kleinkrimineller gearbeitet hatte. Später radikalisierte er sich und ging nach Pakistan und Afghanistan, wo er sich ausbilden ließ und Mitglied von al-Qaida wurde.

007 Eine kurze Gerade (Jab) austeilen

Situation: Mit einem Jab können Sie Ihren Gegner in weniger als einer Sekunde Sterne sehen lassen. Insbesondere wenn Sie keinerlei Gewalt signalisieren und Sie die Hände bereits erhoben haben, können Sie mit Ihrer Führhand zuschlagen, bevor Ihr Gegner etwas Unanständiges über Ihre Mutter sagt. Ein guter Jab ist ein vielseitiges Kampfmittel. Sie können damit die Verteidigungsfähigkeit einer Person testen, sie ablenken, den kombinierten Angriff Ihres Gegners unterbrechen und die Reichweite ermitteln. Der Jab kann sowohl in der Offensive als auch in der Defensive eingesetzt werden. Meistens dient er jedoch als Vorstufe für einen größeren und wirkungsvolleren Schlag.

Aufgabe: Bereiten Sie den Gegner auf den entscheidenden Schlag vor.

Ausführung: Mit erhobenen, den Kopf schützenden Händen wird die Führhand zur Schlagfaust. Ihre Haltung bestimmt, welche Aufgaben die vordere und die hintere Hand übernehmen. Zeigt Ihr linker Fuß etwas nach vorne, ist Ihre linke Hand näher am Gegner und wird zu Ihrer Führhand. Umgekehrt gilt das Gleiche. Wenn Sie Ihren Arm ganz ausstrecken und gleichzeitig Ihren Unterarm und Ihre Fingerknöchel eindrehen, gelingt Ihnen ein guter Jab. Das Ziel ist es, den Arm so schnell wie möglich auszufahren und wieder in die Deckung zurückzubringen. Der Jab muss mit den Füßen koordiniert werden. Wenn Sie zuschlagen, sollten Sie einen Schritt nach vorne gehen. Und wenn Sie Ihren Schlagarm wieder in die Deckung zurückziehen, sollten Sie auch mit den Füßen wieder zurückweichen.

No. 007: EINE KURZE GERADE (JAB) AUSTEILEN

Hilfe und Unterstützung: Üben Sie Ihren Jab. Sie werden mehr Jabs austeilen als jeden anderen Schlag. Mit Training und in Kombination mit der richtigen Beinarbeit können sie effizient und kräftig zuschlagen. Mithilfe von Jabs können Sie Ihren Gegner ablenken, während Sie um ihn herumtanzen, um ihn in Schach zu halten und Ihre Reichweite für das große Finale einzuschätzen. Sobald er seine Deckung lockert, und sei es nur für den Bruchteil einer Sekunde, können Sie ihm den K.-o.-Schlag verpassen.

Anweisung und Kontrolle: Wenn Sie Ihren Gegner so schnell wie möglich mit einem Jab ins Reich der Träume schicken, weisen Sie ihn in seine Schranken, bringen ihn ins Wanken und verschaffen sich den Vorteil, mit einem heftigeren Hieb zuzuschlagen oder ihn mit einem Takedown kaltzustellen. Nutzen Sie den Jab, um den Angreifer abzulenken oder um eine Kaskade von Schlägen, die auf Sie einprasselt, zu stoppen. Wenn Sie Ihrem Gegner mit Jabs Schmerzen zufügen, wird er es sich zweimal überlegen, sich Ihnen nochmals zu nähern.

008 Wie man einen Cross ausführt

Situation: Verwechseln Sie niemals einen kräftigen Cross mit einem weiten Schwinger, der, wenn Sie ausholen, Ihren Gegner wie in Zeitlupe bereits vorwarnt, dass Sie ihn gleich treffen werden. Ein richtiger Power-Punch, der gemeinhin als Cross bezeichnet wird, lässt den Gegner darüber im Dunkeln, dass er gleich einen gebrochenen Kiefer haben wird. Idealerweise sollte jeder Schlag, den Sie austeilen, ein Angriff aus dem Hinterhalt sein, bei dem List, Tempo und vor allem das Überraschungsmoment zum Tragen kommen. Dem Cross kann ein Jab vorausgehen, oder er besitzt die alleinige Überzeugungskraft, um einen Streit schnell zu beenden. Der Cross ist einer der sichersten Schläge, da er vom äußersten Rand der Kampfzone erfolgt.

Aufgabe: Zertrümmern Sie Ihrem Gegner das Gesicht und nicht Ihre Hand.

Ausführung: Durch die Kampfstellung übertragen Sie die Kraft vom Boden über die Hüfte bis in den Rumpf und in die Faust. Ein richtig ausgeführter Cross ist elegant, denn das Drehen des hinteren Fußes und der Hüfte und das Ausstrecken des Arms bilden zusammen eine gleichzeitige Bewegung, die für einen richtig guten Knockout sorgt.

Hilfe und Unterstützung: Halten Sie stets beide Hände erhoben, sodass der Arm und die Hand, mit denen Sie nicht zuschlagen, Ihren Kopf vor möglichen Schlägen schützen. Bleiben Sie mit Ihren Füßen immer in Bewegung, auch mit Schultern und Kopf, um Gegenangriffe zu erschweren. Wenn Sie in Bewegung bleiben, ist es für Ihren Gegner schwieriger, Sie zu treffen, und Sie können Ihren nächsten Angriff kaschieren.

No. 008: WIE MAN EINEN CROSS AUSFÜHRT

Anweisung und Kontrolle:

1. Führen Sie Ihre Bewegungen wohlüberlegt aus und gehen Sie nie davon aus, dass Sie Ihr Ziel treffen werden.
2. Versuchen Sie, Ihren Gegner heftig zu treffen, doch rechnen Sie stets damit, ihn zu verfehlen.
3. Lassen Sie sich vom Gegner nicht kalt erwischen, während Sie die für den Cross erforderliche Kraft aufbringen.

Ein K. o. ist das Ergebnis eines Cross-Schlags, den Ihr Gegner nicht kommen sah.

009 Schläge auf den gegnerischen Körper

Situation: Schläge auf den Körper sind eine der effektivsten Waffen im Arsenal eines Kämpfers. Doch trotz ihrer Effektivität werden sie in Straßenkämpfen und selbst von Profikämpfern meist nicht genügend eingesetzt. Das mag daran liegen, dass sie sehr schwierig auszuteilen sind und ein präzises Timing erfordern. Und jemand, der kein echter Kampfsportler ist und in eine Konfrontation gerät, muss schon jede Menge Selbstvertrauen haben, um sich mit seinen Händen nicht zu schützen, sodass sein Kopf zur Zielscheibe für die Schläge des Angreifers wird. Statt die Gelegenheit zu nutzen, Körperschläge auszuteilen, gehen viele Kämpfer lieber auf Nummer sicher und konzentrieren sich darauf, den Kopf des Gegners zu treffen. Die Verlockung eines blitzartigen K.-o.-Schlags ins Gesicht ist verführerisch und am häufigsten in Filmen und im Fernsehen zu sehen. Im Gegensatz dazu sind Schläge auf den Körper in der Regel erst gegen Ende eines Kampfes zu beobachten, wenn ein ausgepowerter Kämpfer auf dem Boden liegt und sein Oberkörper malträtiert wird. Die anfängliche Kampfszene und die ersten Schläge werden kaum gezeigt, was zählt, ist das Endergebnis. Wenn Ihr Gegner schließlich seine Deckung aufgibt, um seinen Rumpf mit den Armen zu schützen, gibt er seinen Kopf für den K.-o.-Schlag frei.

Aufgabe: Setzen Sie erst den Körper des Gegners schachmatt, der Kopf folgt gleich hinterher.

Ausführung:

1. Verlagern Sie Ihr Gewicht auf den vorderen Fuß und beugen Sie sich zum Gegner vor. Befindet sich Ihr Kopf näher an seinem, sind Sie seinen Fäusten weniger ausgesetzt.

No. 009: SCHLÄGE AUF DEN GEGNERISCHEN KÖRPER

2. Halten Sie Ihre Ellbogen nach innen, um Rippen und Rumpf zu schützen, Ihre Hände bleiben nah an Ihrem Gesicht.
3. Stellen Sie ihm eine Falle, indem Sie ihm ins Gesicht schlagen. Denn auch wenn Ihre Schläge nicht so heftig sind, zwingen Sie ihn damit, seine Hände oben zu halten.
4. Wenn Sie merken, dass der richtige Moment gekommen ist, lassen Sie die linke Hand nach unten und nach hinten fallen, während Sie die linke Schulter etwas durchhängen lassen.
5. Drehen Sie sich mit der Hüfte nach vorne, um Ihre Drehung effektiv einzusetzen, während Sie mit Ihrer linken Faust auf seine Körpermitte schlagen.
6. Wiederholen Sie dies mit der rechten Hand und schlagen Sie so lange auf seinen Körper ein, bis er seine Deckung aufgibt und Sie den Kampf mit einem K.-o.-Schlag gegen seinen Kopf für sich entscheiden können.

Hilfe und Unterstützung: Die Kraft und das Timing für Schläge auf den Körper zu entwickeln erfordert Übung. Sofern Ihnen noch niemand derart hart in den Bauch geschlagen hat, dass Sie nicht mehr atmen konnten, werden Sie die verheerende Wirkung eines Volltreffers in die Körpermitte nicht zu schätzen wissen – und auch nicht, welch einen Vorteil so ein Schlag bietet, um einen Kampf zu beenden.

Anweisung und Kontrolle: Der Schmerz, den ein harter Körperschlag auslöst, setzt erst ein oder zwei Sekunden später ein, bevor er Ihr Gehirn erreicht. Er äußert sich jedoch als ein Schreien und Flehen um Gnade, das von Ihren Rippen, Ihrem Zwerchfell und Ihren Nieren zu kommen scheint. Sollten Sie vorher nicht daran gezweifelt haben, den Kampf zu gewinnen, ist jetzt die erste Saat der Ungewissheit gesät. Da Schläge in den Rumpf zunehmend schmerzen, wird Ihr Gegner früher oder später die Deckung seines Kopfes aufgeben, um seine Körpermitte zu schützen, und zunächst aufhören, auf Sie einzudreschen. Genau dadurch aber wird er schließlich anfällig für den unvermeidlichen Schlag gegen seinen Kopf, der alles beendet.

010 Wie man einen Seitwärtshaken schlägt

Situation: Es kommt immer wieder vor, dass man sich mit seinem Gegner verheddert. Das liegt zuweilen daran, dass man auf zu engem Raum kämpft, zu viele Menschen das Kampfgeschehen umringen oder einfach daran, dass die Kämpfer sich einander anlehnen, weil ihnen die Kraft und die Puste ausgegangen ist. Wenn Sie Ihrem Gegner zu nahe kommen, schränkt das eventuell Ihre Angriffsmöglichkeiten ein. In einem solchen Fall sind Schläge mit den Ellbogen und den Knien sowie ein Haken auf den Körper angebracht. Letzteres kann einer der schmerzhaftesten Schläge sein und ist eine gute Wahl, wenn Sie Ihrem Erzfeind wie bei einem schmusenden Pärchen eng in den Armen liegen.

Aufgabe: Bringen Sie Ihren Gegner dazu, Blut zu pinkeln.

Ausführung: Der Haken wird mit dem gesamten Arm aus einer festen Standposition ausgeführt. Der Arm sollte von der Faust bis zur Schulter wie ein Rohr mit einer 90-Grad-Biegung im Ellbogen gehalten werden. Wie bei den meisten Schlägen wird die Kraft durch die Rumpfdrehung erzeugt, die schließlich in den Flanken des Gegners ihren Abschluss findet. Sie sollten auf die Rippen und Nieren zielen, beide werden innerhalb von ein oder zwei Schrecksekunden nach dem Schlag fürchterlich schmerzen.

Hilfe und Unterstützung: Denken Sie stets daran, Ihre nicht zuschlagende Hand oben zu halten, um Ihren Kopf zu schützen. Ein guter Hieb auf den gegnerischen Körper bringt es zwangsläufig mit sich, dass Ihr Kopf ungeschützt ist. Falls Sie auf Nahdistanz kämpfen, sollten Sie sich vor Takedowns hüten. Die Grobmotorik des Gegners wird ihm zu verstehen geben: »Pack ihn und wirf ihn zu Boden! Ich will nicht länger Schmerzen spüren!«

No. 010: WIE MAN EINEN SEITWÄRTSHAKEN SCHLÄGT

Anweisung und Kontrolle: War ein Schlag erfolgreich, versuchen Sie es erneut. Behalten Sie einen klaren Kopf und lassen Sie die Hände Ihres Gegners nie aus den Augen. Man kann sich leicht täuschen lassen, wenn man sich nah zum Gegner und mitten im Kampf befindet. Sobald sich die gegnerische Flanke öffnet, sollten Sie darauf einschlagen, bis der Gegner zu Boden geht. Bleiben Sie in Ihrer Stellung, damit Ihnen die Kraft nicht ausgeht; bewegen Sie sich jedoch auch und gehen Sie, falls nötig, auf Distanz. Achten Sie darauf, dass Ihr Gegner Ihre niedrige Körperhaltung nicht ausnutzt, wenn Sie ihm Ihre Haken verpassen.

011 Schattenboxen

Situation: Ihren Körper auf ein Workout vorzubereiten ist mit das Wichtigste, das Sie tun können, um Verletzungen vorzubeugen. Stellen Sie sich vor den Spiegel und schauen Sie sich an: Hier ist der erste Gegner, gegen den Sie täglich kämpfen. Schattenboxen ist mehr als nur eine Aufwärmübung und bietet Ihnen ein großartiges Ganzkörpertraining. Bei diesen Runden trainieren Sie die Muskeln Ihrer Brust, Schultern, Arme und Beine, und zwar im Kampf gegen einen schnellen und schlüpfrigen Gegner: Ihr eigenes Spiegelbild. Indem Sie gegen sich selbst boxen, behalten Sie Ihren Kampfrhythmus bei und verfeinern ihn obendrein noch, und Sie sehen, was und was nicht funktioniert und welche Techniken verbessert werden müssen.

Schattenboxen ist nicht auf das Boxen beschränkt. Auch bei Mixed Martial Arts (MMA) und anderen Sportarten weiß man, wie effektiv es ist, das eigene Spiegelbild zu beobachten, wenn man sich bewegt. Man braucht nur wenig Platz und es lässt sich überall durchführen. Ihr Schatten kann auch durch die Sonne oder künstliches Licht erzeugt werden, doch es ist sinnvoller, vor einem Spiegel zu boxen. Ein langer, einfacher Umkleidespiegel bietet Ihnen die gesamte Trainingsausrüstung, die Sie für dieses Ganzkörpertraining benötigen.

Aufgabe: Seien Sie gefährlicher als die Person im Spiegel. Lassen Sie niemals Ihr Spiegelbild gewinnen.

Ausführung: Beginnen Sie vor dem Spiegel langsam mit ein paar Jabs und bauen Sie dann einen Cross ein. Üben Sie eine Eins-zwei-Kombination, um Ihre Schultern aufzuwärmen. Ziel ist, Ihr Spiegelbild zu schlagen und gleichzeitig dem Schlag auszuweichen. Beim Schattenboxen müssen Sie hin und her hüpfen, um Ihren Schlägen auszuweichen. Setzen Sie sich ein zeitliches Limit für Ihre Boxrunden. Beginnen Sie mit einminütigen Trainingseinheiten und pausieren Sie eine Minute, bevor Sie die Runde wiederholen. Mit der Zeit können Sie längere Runden trainieren und kürzere

No. 011: SCHATTENBOXEN

Pausen einlegen. Die Erfahrung zeigt, dass ein schnelleres und härteres Training mit kürzeren Einheiten für ein intensiveres Workout sorgt und genügend Zeit für die Erholung bietet, bevor der Durchgang wiederholt wird. Ein weiterer Vorteil kürzerer Intensitätsschübe ist, dass ein solches »Intervall«-Training gewährleistet, eine gute Technik und Beinarbeit beizubehalten. Mehrere Runden mit höherer Intensität, schnellerem Tempo und guter Technik kommen Ihnen mehr zugute als längere Einheiten, bei denen Sie ermüden und mit schlampiger Technik trainieren. Richtig ausgeführt ist Intervall-Schattenboxen eine gewinnbringende Kombination, die mit der Zeit einen unschlagbaren Kämpfer aus Ihnen macht.

Hilfe und Unterstützung: Achten Sie stets auf Ihre Technik. Nehmen Sie, falls nötig, Korrekturen und Anpassungen vor, je nachdem, was Sie im Spiegel sehen. Der Spiegel dient als Trainer und deckt Ihre Schwächen auf. Achten Sie darauf, ob Sie Ihre Deckung aufgeben oder zu langsam zuschlagen; das Gleiche gilt, wenn Sie im Freien Schattenboxen absolvieren. Und wenn Sie dabei Boxhandschuhe tragen, steigert das ebenfalls Ihre Trainingsintensität. Boxhandschuhe fühlen sich zunächst leicht an, verwandeln sich aber sehr schnell zu den schwersten Gewichten der Welt.

Anweisung und Kontrolle: Schauen Sie nicht mit einem Tunnelblick in den Spiegel. Konzentrieren Sie sich stets auf Ihr peripheres Sehen und stellen Sie sicher, dass Sie das ganze Bild im Blick haben. Sie können die Koordination zwischen Ihren Augen, Händen und Füßen weiter ausbauen, indem Sie das Schattenboxen um die Möbel in Ihrem Wohnzimmer, Büro oder Schlafzimmer praktizieren. Sie müssen dabei zwangsläufig Hindernisse berücksichtigen und gleichzeitig an Ihrem Timing und Ihrer Beinarbeit feilen, wenn Sie zuschlagen.

012 Die Eins-zwei-Kombination

Situation: Durch die Verbindung verschiedener Schläge entstehen sogenannte Kombinationen. Bei mehreren Schlagkombinationen erhöht sich die Wahrscheinlichkeit, dass Sie Ihren Gegner k. o. schlagen. Als guter Kämpfer beginnt man mit Boxschlägen. Es gibt vier verschiedene Schläge, jeder Schlag hat eine bestimmte, weltweit bekannte Nummer.

- Eins ist der Jab.
- Zwei ist der Cross.
- Drei ist der Haken.
- Vier ist der Aufwärtshaken.

Die Eins-zwei-Kombination ist eine kurze Abfolge von Schlägen: zuerst der Jab, dann folgt Nummer zwei, der Cross. Der Jab dient Ihnen in zweierlei Hinsicht: zum einen, um den Abstand zum Gegner einzuschätzen, zum anderen, um den Schurken mit einem gezielten Hieb gegen den Kopf k. o. zu schlagen. Obwohl das die einfachste aller Kombinationen ist, ist sie dennoch eine der wirkungsvollsten.

Aufgabe: Schlagen Sie den Schuft k. o.!

Ausführung: Bereiten Sie mit dem Jab den Cross vor, der Jab soll Ihren Gegner zunächst nur ablenken. Er wird seine Augen für den Bruchteil einer Sekunde schließen und seine Deckung entsprechend kurz anpassen. Mit dem Jab ermitteln Sie auch die Strecke, bevor Sie zuschlagen. Das Ziel ist natürlich das Kinn des Gegners. Nachdem Sie dem Bösewicht den Jab verpasst haben, sind Sie unmittelbar bereit, ihm mit dem Cross weiter zuzusetzen. Mit hochgehaltenen Händen schützen Sie sich vor den gegnerischen Schlägen. Schützen Sie sich jederzeit mit der nicht zuschlagenden Hand gegen die Schläge Ihres Gegners, wenn Sie diese Schlagkombination austeilen.

No. 012: DIE EINS-ZWEI-KOMBINATION

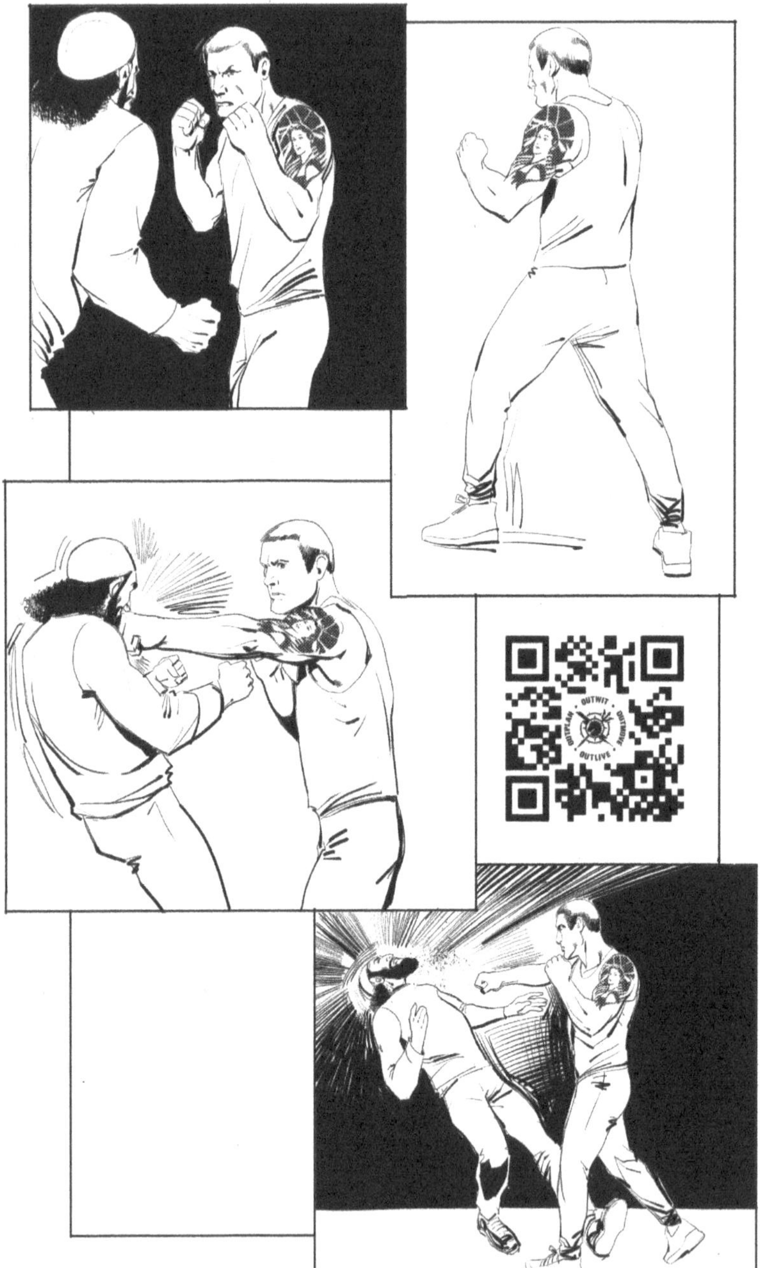

Hilfe und Unterstützung: Eine gute Beinarbeit ist unerlässlich, wenn Ihre kombinierten Schläge die gewünschte Wirkung zeigen sollen. Halten Sie Ihre Füße in Bewegung, sodass sie mit Ihren Schlägen eine rhythmische Einheit bilden. Ihre jeweilige Körperhaltung unterstützt kraftvoll jeden einzelnen Schlag, während Sie einen Schritt nach vorne machen und sich dabei entsprechend drehen.

Anweisung und Kontrolle: Bei der Eins-zwei-Kombination geht es darum, die Entfernung zum Gegner richtig abzuschätzen und einen kräftigen Schlag zu landen. Räumliches Vorstellungsvermögen erhöht die Wahrscheinlichkeit, dass jeder Schlag sitzt. Entscheidend ist, dass Sie darauf achten, wie nah Sie sich zum Gegner befinden und aus welchem Winkel der Angriff erfolgt. Mit Ihren Schlägen Treffer zu landen ist wesentlich wichtiger, als sie nur auszuteilen. Natürlich können Sie wild drauflosschlagen und auf das Beste hoffen, aber verschwendete Kraft könnte das Blatt gegen Sie wenden, sodass Sie am Ende den Kürzeren ziehen. Die richtige Gelegenheit zum Zuschlagen herauszufinden, statt auf das Beste zu hoffen, unterscheidet den Profikämpfer vom Schläger.

013 Das Erzeugen von Kraft

Situation: Sie erzeugen Kraft an der Stelle, an der Sie sich mit Ihren Füßen auf dem Boden befinden. Die Kraft in den Füßen überträgt sich über die Beine bis zum Rumpf, dann in die Brust und von dort auf die Schultern und in die Arme. Letztlich sammelt sich die geballte Kraft in der Faust. Die stärksten Boxer und Kampfsportler verbinden Ihre gesamte Körperkraft und die Kraft der einzelnen Körperteile zu einem einzigen Schlag.

Aufgabe: Schlagen Sie zu wie ein knallharter Kerl.

Ausführung: Es gibt fünf Aspekte hinsichtlich der Schlagkraft, die Sie kennen müssen, um wirklich kräftig zuschlagen zu können:

1. Mit dem ganzen Körper zuschlagen, nicht nur mit den Armen.
2. Die richtige Gewichtsverlagerung.
3. Beim Zuschlagen einen Schritt nach vorne machen.
4. Den Körper während des Schlagens mitdrehen.
5. Die richtige Beinarbeit.

Hilfe und Unterstützung: Für einen effektiven Schlag muss der Rumpf, also die Körpermitte, stark entwickelt sein. Der Rumpf ist vielleicht der wichtigste Körperteil für einen kräftigen Schlag, da er die überaus starken Beine mit den zuschlagenden Armen verbindet.

Anweisung und Kontrolle: Um einen kräftigen Schlag zu landen, ist es hilfreich, die Grundlagen der Physik zum eigenen Vorteil zu nutzen:

1. Tempo ist nicht gleichzusetzen mit Kraft. Kraft ist gleich Masse mal Beschleunigung. Sie können vielleicht schnell zuschlagen, aber es muss richtig Kraft dahinterstecken, um Wirkung zu zeigen.

No. 013: DAS ERZEUGEN VON KRAFT

2. Bewegen Sie Ihren ganzen Körper. Schläge, die nur mit der Kraft Ihrer Arme verabreicht werden, haben keine Wucht. Setzen Sie Ihren ganzen Körper ein und halten Sie ihn in Bewegung.
3. Bewegen Sie Ihre Beine. Ihre Beine haben die stärksten Muskeln und erzeugen die meiste Kraft.
4. Bleiben Sie bei einem Nahkampf innerhalb der Reichweite Ihrer Schläge. Wenn Ihre Hände kaum an Ihren Gegner heranreichen, sind Ihre Schläge zu schwach. Bleiben Sie näher dran und schlagen Sie kräftig zu, um das meiste aus Ihrem Schlag herauszuholen.
5. Winkel schaffen verschiedene Möglichkeiten, aus denen Sie angreifen können. Schlagen Sie aus verschiedenen Winkeln aus, damit mehr Wucht hinter Ihren Hieben steckt und Sie Ihrem Gegner mehr Schaden zuzufügen.

014 Die Beinarbeit und Beweglichkeit verbessern, das Tempo steigern

Situation: Nur wenige würden bestreiten, dass es bei einem gewalttätigen Konflikt auf die eigene Beweglichkeit ankommt, um mit dem Leben davonzukommen, und zwar vor und nach dem Streit sowie während des Kampfes. Die Beweglichkeit Ihrer Füße kann den Unterschied zwischen Sieg und Niederlage ausmachen, im Extremfall spielen sie eine entscheidende Rolle über Leben und Tod. Leider wird oft übersehen, wie wichtig die Beinarbeit ist, und die meisten von uns wissen nicht, wo man anfangen soll, um die Füße zu trainieren, damit sie robuster, besser und schneller werden. Ihre Füße sind schließlich der entscheidende Körperteil, wenn Sie einer Auseinandersetzung entkommen wollen und wegrennen müssen. Das Laufen ist jedoch längst nicht alles, wozu Ihre Füße gut sind, um bestimmte Situationen zu überstehen. Sie müssen auch wissen, wie Sie sich mit Ihren Füßen um den Gegner herumbewegen, wie Sie mit ihnen Kraft für einen Schlag generieren und den Abstand zum Feind vergrößern, um nicht selbst getroffen zu werden. Ihre Füße sollten so flink sein, dass Sie sich mit dem Feind messen können; Sie müssen sich von links nach rechts und vor und zurück bewegen, aber auch so standfest sein, um sich für den Bruchteil einer Sekunde in die richtige Stellung zu bringen und effektiv zuschlagen zu können.

Aufgabe: Stehen Sie nicht einfach herum.

No. 014: DIE BEINARBEIT UND BEWEGLICHKEIT VERBESSERN, DAS TEMPO STEIGERN

Ausführung: Bei allen Übungen zur Beinarbeit sollten Sie darauf achten, dass kein Fuß länger als nötig auf einer Stelle bleibt (Sie könnten dabei das Steppen lernen). Wenn Sie das geschafft haben, sind Sie auch schneller auf den Füßen. Das Training der Beinarbeit schließt den ganzen Körper mit ein: Augen, Hände und Füße arbeiten zusammen, um einen guten Angriff einzuleiten oder eine sichere Verteidigung aufzubauen. Workouts zur Beinarbeit sind leistungssteigernd, und zwar gleichermaßen für Ihren Körperbau, Ihre Muskeln und für Ihr Nervensystem.

Hilfe und Unterstützung: Erweitern Sie Ihr Arsenal an Übungen zur Beinarbeit, indem Sie Tony Jeffries' Website und soziale Medien besuchen. Er bietet eine unglaubliche Auswahl an Übungen und hat sogar eine Box-Akademie, für die Sie sich anmelden können, um besser zu werden.

Anweisung und Kontrolle: Wenn Sie Ihrem Gegner demonstrieren, wie leichtfüßig Sie sind, schüchtert ihn das ein. Ihre schnelle Beweglichkeit wird ihn demoralisieren, sein Selbstvertrauen erschüttern und Ihnen einen Vorteil verschaffen, bevor der Kampf beginnt. Je flinker Sie sind, desto unwahrscheinlicher ist es, dass Sie von seinen Schlägen getroffen werden, aber desto größer ist die Wahrscheinlichkeit, dass Sie einen Schlag landen. Da Sie sich schnell in die Gefahrenzone hinein- und wieder herausbewegen können, machen Sie Ihren Gegner psychisch fertig und bringen ihn dazu, Fehler zu machen. Und wenn es erst einmal so weit ist, können Sie den Kampf schnell beenden.

015 Schlagkraft stärken

Situation: Wenn Sie mehr Schlagkraft entwickeln, erhöht sich zugleich die Wahrscheinlichkeit, dass Sie einen Angreifer k. o. schlagen. Machen Sie keinen Fehler: Kraft allein reicht nicht aus, idealerweise ist sie mit Tempo, Präzision und dem jeweiligen Überraschungsmoment kombiniert, um beste Ergebnisse zu erzielen. Das Gute am Training der Körperkraft ist, dass Sie damit gleichzeitig Ihr Tempo steigern und Ihre Treffsicherheit verbessern. Im Gegensatz zu MMA-Kämpfern lernen Boxer, wie sie ihren ganzen Körper einsetzen, wenn sie einen Schlag austeilen. Und ebenso wichtig ist, dass sie lernen, nicht geschlagen zu werden. Beide Skills machen das Boxen zu einer effektiven Technik, um auf der ganzen Linie ein knallharter Kerl zu sein.

Aufgabe: Sorgen Sie dafür, dass Ihr Gegner seinen Namen vergisst.

Ausführung: Ein Boxer setzt bei jedem Schlag seinen ganzen Körper ein. Drei Minuten Boxen können einem wie eine Ewigkeit vorkommen, wenn man schon in den ersten 30 Sekunden nach Kraft und Luft ringt. Um kraftvoll zuschlagen zu können, müssen Sie die Fuß- und Beinmuskeln beanspruchen und mit den Füßen einen sicheren Stand auf dem Ringboden oder der Straße einnehmen. In diesen Bruchteilen einer Sekunde hüpft man nicht auf den Fußballen herum. Die Kraft wird in Ihren Beinen erzeugt, wenn Sie die Hüfte in Position bringen und den Rücken anspannen. Die daraus resultierende Drehkraft entlädt sich über den Schlagarm.

No. 015: SCHLAGKRAFT STÄRKEN

Hilfe und Unterstützung:

1. Beginnen Sie zunächst mit leichten Medizinbällen, bevor sie schwerere benutzen.
2. Prüfen Sie den Abstand zwischen Ihrem Standpunkt und der Wand und lassen Sie genug Platz für den zurückprallenden Ball.
3. Versuchen Sie, während der ganzen Übung in Kampfhaltung zu bleiben.
4. Seien Sie diszipliniert und holen Sie nicht zum Schlag aus.

Beim Training Ihrer Schlagtechnik häufen sich schlechte Angewohnheiten, die sich letztlich auf Ihre Schläge im Ernstfall übertragen. Schützen Sie mit Ihrer nicht schlagenden Hand jederzeit Ihren Kopf.

Anweisung und Kontrolle: Das kräftige Zuschlagen beginnt in Ihrem Kopf. Zuerst lernen Sie nur, wie man kämpft, suchen nach einer Angriffsmöglichkeit und entscheiden, wann Sie Ihre Faust ausfahren. Wenn Sie jedoch Fortschritte machen, teilen Sie Ihre Schläge instinktiv aus. Mit der Zeit erahnen Sie eine Lücke in der Verteidigung Ihres Gegners, noch bevor sie sich auftut, und dann schlagen Sie kräftig zu.

TORGERSON, MARCUS

DER HARTE KERL

Codename: Taz
Grundlegende Skills: Krav Maga, Level: Expert 3
Weiterführende Skills: Schwarzer Gürtel 2. Grades in Uechi-Ryū-Karate

Hintergrund: Als Spezialist für Verteidigungstaktiken im Nahkampf hat Marcus über 40 Jahre Erfahrung im Kampfsport. Wenn es darum geht, Zivilpersonen schnell und einfach auszubilden und in Form zu bringen, dann ist Marcus Ihr Mann. Er kann einschätzen, welche Maßnahmen geeignet sind, um einen Schüler (psychisch und physisch) schnell zum schlimmsten Albtraum eines Bösewichts zu machen. Marcus ist jemand, der sich viele Gedanken macht und der infolge seiner zwei Jahrzehnte währenden Tätigkeit als Sicherheitsmann in Nachtclubs mit der Überzeugung lebt, »nett zu Tieren und Betrunkenen zu sein«.

Außergewöhnlich sensibel und einfühlsam ist er nur dann, wenn es um Menschen mit besonderen Bedürfnissen und körperlichen oder geistigen Behinderungen geht.

ADOLF HITLER

DER FEIND

Hintergrund: Der deutsche Politiker und Parteiführer der NSDAP kam 1933 als deutscher Reichskanzler an die Macht und wurde 1934 zum »Führer« ernannt. Während seiner NS-Diktatur von 1933 bis 1945 löste er mit seinem Einmarsch in Polen 1939 den Zweiten Weltkrieg in Europa aus und war während des gesamten Krieges eng in die militärischen Operationen eingebunden. Unter Hitlers Führung und seiner rassistisch motivierten Ideologie war das NS-Regime für den Völkermord an etwa 6 Millionen Juden und Millionen anderer Opfer verantwortlich, die nicht in die Volksgemeinschaft der Nazis passten. Hitler und das NS-Regime töteten schätzungsweise 19,3 Millionen Zivilisten und Kriegsgefangene. Darüber hinaus starben 28,7 Millionen Soldaten und Zivilisten durch militärische Aktionen auf dem europäischen Kriegsschauplatz.

016 Situationserfassung

Situation: Wir hören zwar viel über Situationserfassung, aber weniger über die drei großen Sehfelder, oder schlimmer noch, über die Tatsache, gar nichts zu sehen, wenn es darauf ankommt. Methoden zur Lageerfassung beinhalten in der Regel mehrere Beobachtungstechniken, um Gefahren leichter zu erkennen. Diese Vorgehensweisen dienen dazu, die Umgebung zu erfassen, zu analysieren und die eigene Sicherheit zu erhöhen. Ziel ist es, die Reaktionszeit in Notfällen zu verkürzen. Die meisten Methoden zur Lageerfassung weisen nur selten auf Sichtfelder, das periphere Sehen oder blinde Flecken hin, sondern besagen nur: »Bleibe achtsam und behalte alles im Auge«. Manchmal sind die einfachsten Methoden so simpel wie das Rot, Gelb und Grün einer Ampel.

Aufgabe: Versuchen Sie stets, sich aus dem roten Gefahrenbereich zu begeben.

Ausführung: Wenn Sie mit dem Rücken zu einer Wand stehen und den roten Bereich eliminieren, erhöht sich Ihre Sicherheit exponentiell. Die einzigen Sehfelder, die beobachtet werden müssen, sind die gelben und grünen. Grün ist definitionsgemäß alles, was sich in Ihrer direkten Sichtlinie befindet, gelb ist alles, was Sie in Ihrem peripheren Sichtfeld sehen, und rot ist all das, was sich hinter Ihnen befindet und Sie folglich nicht sehen können. Wenn Sie mit dem Rücken zu einer Wand stehen und Ihre Umgebung ständig von links nach rechts und wieder zurück überprüfen, wenden Sie mehr Zeit für den grünen Bereich auf, weniger Zeit für die gelbe Zone und lassen den roten Bereich außer Acht. Wenn es keine Mauern gibt, die Ihre Sicht einschränken, sind Grün und Rot gleichwertig. Indem Sie sich nur auf Ihr Sichtfeld konzentrieren, achten Sie auf Ihre Umgebung und sind somit besser dran als mit einigen der aufwendigeren Methoden zur Lageerfassung.

No. 016: SITUATIONSERFASSUNG

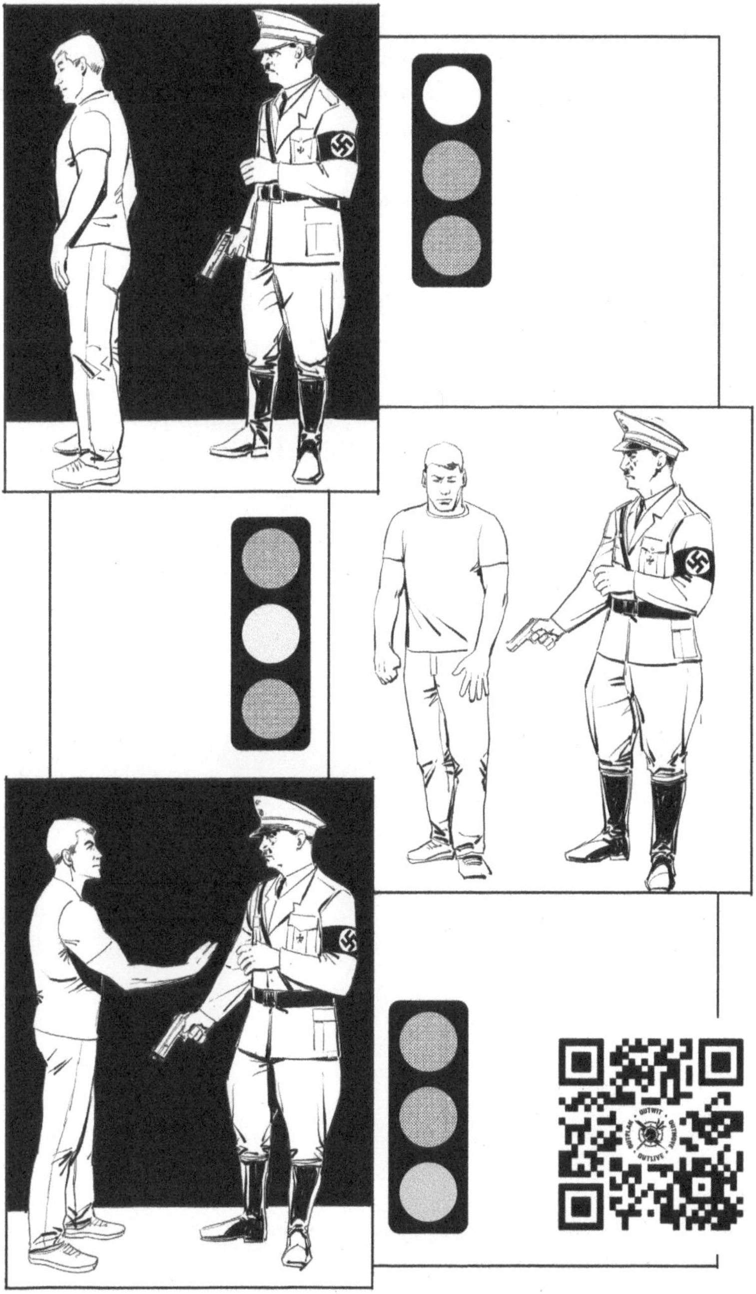

Hilfe und Unterstützung: Sich mit dem Rücken vor eine Wand zu stellen ist nur eine von vielen Möglichkeiten, sich aus der roten Gefahrenzone zu begeben. Jedes Objekt, an das Sie sich mit dem Rücken anlehnen können, hilft, Angriffe von hinten zu verhindern. Wenn Sie von Zeit zu Zeit hinter sich schauen, verwandelt sich der rote vorübergehend in den grünen Bereich, und Sie schärfen Ihr Bewusstsein.

Anweisung und Kontrolle: Wenn Sie das nächste Mal beim Spazierengehen Ihr Telefon auf Nachrichten überprüfen, bleiben Sie stehen und stellen sich mit dem Rücken vor eine Wand. Sie sollten immer mit erhobenem Kopf gehen und Ihre Umgebung im Blick behalten. Wenn Sie Ihr Fahrzeug das nächste Mal parken, stellen Sie es so nah wie möglich an eine Mauer, vor eine Absperrung oder andere Hindernisse, sodass Sie nicht von hinten angegriffen werden können. Meiden Sie nach Möglichkeit den roten Bereich, auf diese Weise erhöht sich die Wahrscheinlichkeit, dass Sie in der grünen Zone bleiben.

017 Dem Gegner einen Handballenschlag versetzen

Situation: Zu den Krav-Maga-Schlägen gehören der gerade Schlag, die Hammerfaust, der Schlag mit dem Handballen, das Augenstechen und der Kehlkopfschlag. Die Körpermechanik beim Handballenschlag ist die gleiche wie beim geraden Schlag und der Hammerfaust. Für welchen Schlag Sie sich entscheiden, hängt davon ab, worauf Sie zielen. Wenn Sie vor einer Ziegelmauer stehen und die Wahl haben, entweder mit der Faust oder mit dem Handballen zuzuschlagen, wäre es klug, das mit dem Ballen und der Fläche Ihrer Hand zu tun. Intuitiv wissen Sie, dass ein Faustschlag gegen eine Mauer höchstwahrscheinlich ein paar gebrochene Knochen, jede Menge Schmerzen und eine unbeschädigte Wand zur Folge haben wird.

Aufgabe: Geben Sie dem Schurken eine Klatsche aufs Kinn.

Ausführung: Im Krav Maga sieht ein Handballenschlag so aus, dass man die Finger der Schlaghand krümmt und die Handfläche nach vorne streckt. Die Drehung der Hüfte und der Schultern ist unerlässlich, um während des Zuschlagens Kraft zu erzeugen. Die eher weichen Stellen im Gesicht sollten mit einer Geraden oder einer Hammerfaust geschlagen werden. Da bei einem Handballenschlag nicht die beiden obersten Fingerknöchel wie bei einer Faust zum Einsatz kommen, kann er aus verschiedenen Winkeln erfolgen. Die Finger können gestreckt und gerade nach oben gerichtet oder in einem Winkel von 45 Grad gekrümmt sein. Dadurch verlagert sich die Schlagfläche von der Mitte der Hand auf die Handkante.

No. 017: DEM GEGNER EINEN HANDBALLENSCHLAG VERSETZEN

Hilfe und Unterstützung: Halten Sie Ihre Daumen nach innen und etwas gekrümmt, eng an den jeweiligen Zeigefingerknöchel. Dadurch verhindern Sie Daumenverletzungen, wenn Sie zuschlagen und nicht treffen. Wechseln Sie beim Training kombinierte Faust- und Handballenschläge ab. Denken Sie daran, mit den Fäusten auf weiche Gesichtspartien und mit den Handballen auf eher harte Stellen des Gesichts einzuschlagen.

Anweisung und Kontrolle: Eine Salve abwechselnder Handballenschläge in schneller Abfolge ist kaum zu stoppen, wenn Sie Ihren Gegner völlig plattmachen wollen, vor allem, wenn es ihn unvorbereitet erwischt.

018 Ellbogenschläge austeilen

Situation: Ellbogenschläge sind für Nahkampfsituationen reserviert. Im Krav Maga gibt es sieben verschiedene Ellbogenschläge, und jeder ist entsprechend nummeriert. Nummer eins ist ein horizontaler hoher Ellbogenschlag, Nummer zwei erfolgt von der Seite. Nummer drei ist ein horizontaler Ellbogenschlag nach hinten und so weiter. Der vertikale Ellbogenschlag ist Nummer sieben. Im Gegensatz zu seiner horizontalen Variante kann ein vertikaler Ellbogenschlag jederzeit ausgeführt werden, ohne dass die Bewegung vorher angedeutet wird.

Aufgabe: Riechen Sie Ihre Achselhöhle?

Ausführung: Wenn Sie Ihre Hände als beschwichtigende Geste etwas erhoben haben, sind Sie bereits für einen vertikalen Ellbogenschlag in Stellung. Mit geöffneten Händen und der Kieferpartie Ihres Gegners im Visier, lassen Sie Ihren Ellbogen gerade nach oben schnellen, während Sie dabei Ihre Hand seitlich an Ihrem Kopf und Ohr vorbeiführen. Während der Ellbogen nach oben schießt, machen Sie gleichzeitig einen Schritt nach vorne, als würden Sie dem Angreifer eine kurze Gerade (Jab) verpassen. Mit der Kraft, die durch Ihren Ellbogen nach vorne und nach oben geleitet wird, schlagen Sie den Schurken effektiv k. o.

Hilfe und Unterstützung: Wie bei jedem Schlag wird die Kraft durch Ihre Beinarbeit erzeugt und ermöglicht es Ihnen, Ihren Gegner zu erledigen. Für einen gelungenen vertikalen Ellbogenschlag ist die Kraft aus den Beinen und dem Rumpf unbedingt erforderlich.

Anweisung und Kontrolle: Vergessen Sie nicht Ihren anderen Arm. Sie sollten ihn immer für einen eventuellen Gegenangriff bereithalten. Mit Ihrer anderen Hand können Sie auch den Kopf Ihres Gegners umklammern und ihn festhalten, während Sie ihm mit dem Ellbogen einen verpassen. Dadurch richten Sie deutlich mehr Schaden an.

No. 018: ELLBOGENSCHLÄGE AUSTEILEN

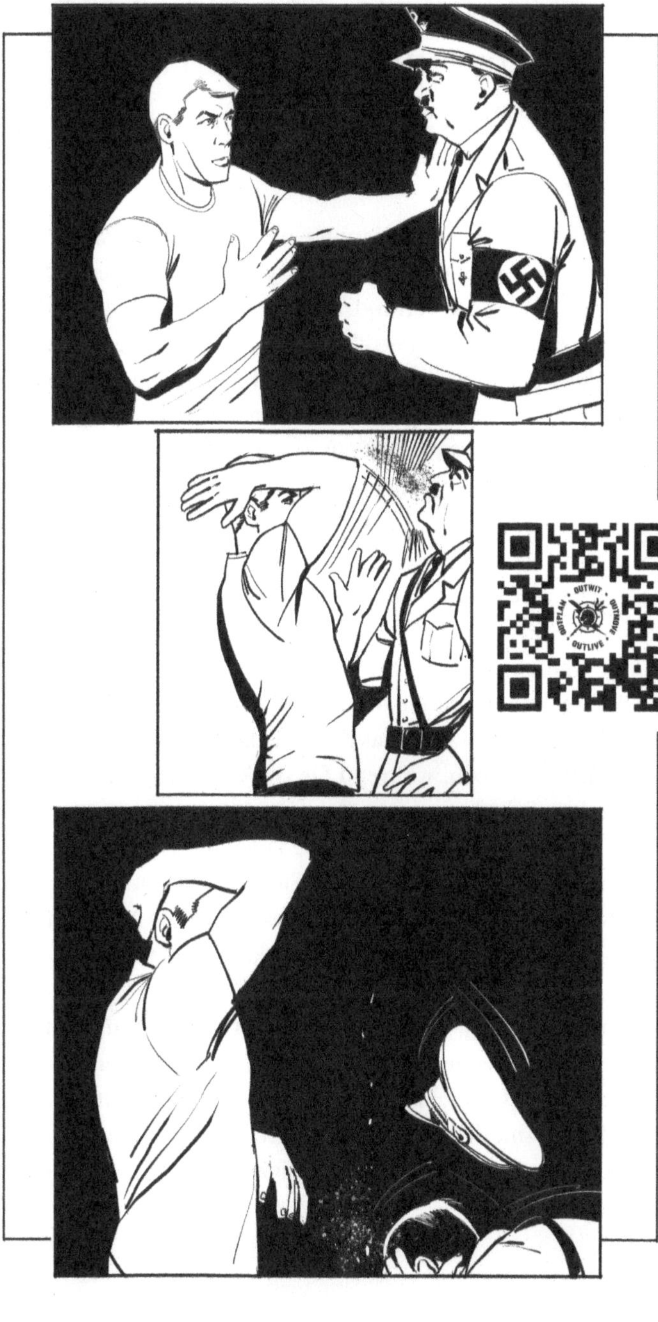

019 Dem Knie des Gegners einen seitlichen Tritt verpassen

Situation: Das Knie ist in einem Kampf ein empfindliches Ziel, denn es ist eines der größten Körpergelenke und im Vergleich zu anderen Gelenken ebenso komplex. Das Knie verbindet die beiden stärksten Knochen des menschlichen Körpers, den Oberschenkelknochen mit dem Unterschenkelknochen, dem Schienbein und dem Wadenbein. Ein verletztes Knie kann die Beweglichkeit des Gegners einschränken und dem Kampf abrupt ein Ende setzen. Die erforderliche Kraft, um das Knie gravierend zu verletzen, ist minimal. Ob gebeugt oder gestreckt, spielt keine Rolle – das Knie ist immer angreifbar.

Aufgabe: Brechen Sie ein Bein, aber nicht Ihr eigenes.

Ausführung: Wenn Sie wie aus dem Nichts von der Seite angegriffen werden, sollten Ihre Hände immer nach oben schnellen, um Ihren Kopf zu schützen. Heben Sie gleichzeitig das Knie an, das Ihrem Feind am nächsten ist, und ziehen Sie es hoch, während Sie die Unterseite Ihres Fußes ausstrecken, um das nächstbefindliche Bein Ihres Angreifers zu treffen. Ziehen Sie Ihre Zehen nach oben, damit Ihre Fußsohle genau die Stelle unter dem gegnerischen Knie trifft. Verlagern Sie Ihr Gewicht nach unten und schmettern Sie Ihren Fuß gegen das Bein des Schufts. Das führt dazu, dass sich sein Kniegelenk auskugelt und er somit kampfunfähig ist.

Hilfe und Unterstützung: Für ein sofortiges Erfolgserlebnis beginnen Sie mit einem Besenstiel, der an einer Wand lehnt, und üben den Tritt von der Seite. Ein einziger Besenstiel zerbricht ziemlich schnell. Versuchen Sie es mit zwei und dann mit drei zusammengeklebten Stielen, um herauszufinden, wie viel Kraft vonnöten ist, um die dicksten Knochen eines Körpers zu brechen.

No. 019: DEM KNIE DES GEGNERS EINEN SEITLICHEN TRITT VERPASSEN

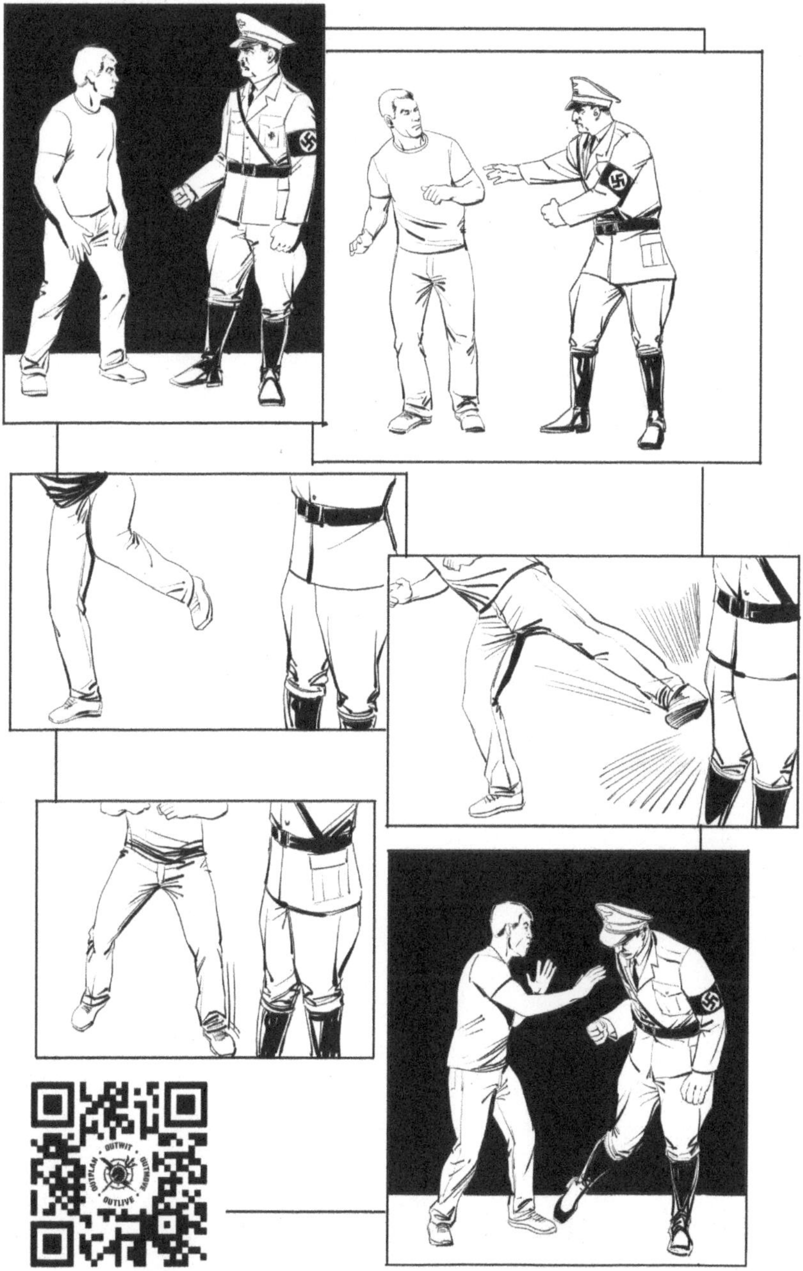

Anweisung und Kontrolle: Ihre Gegenwehr sollte niemals mit nur einem Schlag enden. Setzen Sie dem Schurken so lange zu, bis er keine Gefahr mehr für Sie und Ihre Mitmenschen darstellt. Sie können sich dann an einen sicheren Ort begeben und die Polizei verständigen.

020 Tritt in die Weichteile

Situation: Die beiden Hoden beginnen in der Nähe der Nieren und bilden einen Hauptnerv aus, der vom Bauchraum bis zum Hodensack reicht. Deshalb sind Tritte in die Leistengegend so effektiv. Der Penis und die Hoden sind im Wesentlichen Nervenbündel, die zwar leichten Druck aushalten, aber höllisch schmerzen, wenn zu viel Druck auf sie ausgeübt wird. Ein Tritt in die Leistengegend verursacht an der Stelle, wo Ihr Fuß landet, starke Schmerzen und einen noch größeren Schmerz, der bis in die Bauchhöhle ausstrahlt. Dieser Schmerz kann bis zu 15 Minuten anhalten, also genug Zeit für Sie, sich so weit wie möglich zu entfernen.

Aufgabe: Treten Sie dem Angreifer in die Weichteile.

Ausführung: Aus Ihrer normalen, keinerlei Gewalt signalisierenden Haltung ziehen Sie das Knie des hinteren Beins nach oben. Sobald Ihr Oberschenkel parallel zum Boden ist, strecken Sie Ihren Fuß schnell in Richtung Ihres Ziels aus. Im Idealfall schnellt die Fußspitze gerade nach oben und trifft direkt die Hoden Ihres Gegners. Sobald Sie zugetreten haben, ziehen Sie Ihr Bein zurück oder nehmen wieder eine normale Standposition ein.

Hilfe und Unterstützung: Denken Sie daran, dass Sie sich selbst sehr angreifbar machen, wenn Sie Tritte austeilen, denn für einen kurzen Moment balancieren Sie auf nur einem Bein. Wenn Ihr Bein, mit dem Sie zutreten, von Ihrem Gegner gepackt wird oder Sie Ihr Ziel verfehlen, könnten Sie aus dem Gleichgewicht kommen. Ein solcher Tritt muss trainiert werden, denn ohne Übung treten Sie zu langsam und ungenau zu.

Anweisung und Kontrolle: Lenken Sie Ihren Gegner mit einem vorgetäuschten Fausthieb oder Handballenschlag ab. Er wird daraufhin reflexmäßig seine Hände heben und nach oben schauen, während Sie ihm zwischen die Beine treten. Sind seine Hände erhoben, ist es auch unwahrscheinlicher, dass er Ihren Tritt abfangen kann.

No. 020: TRITT IN DIE WEICHTEILE

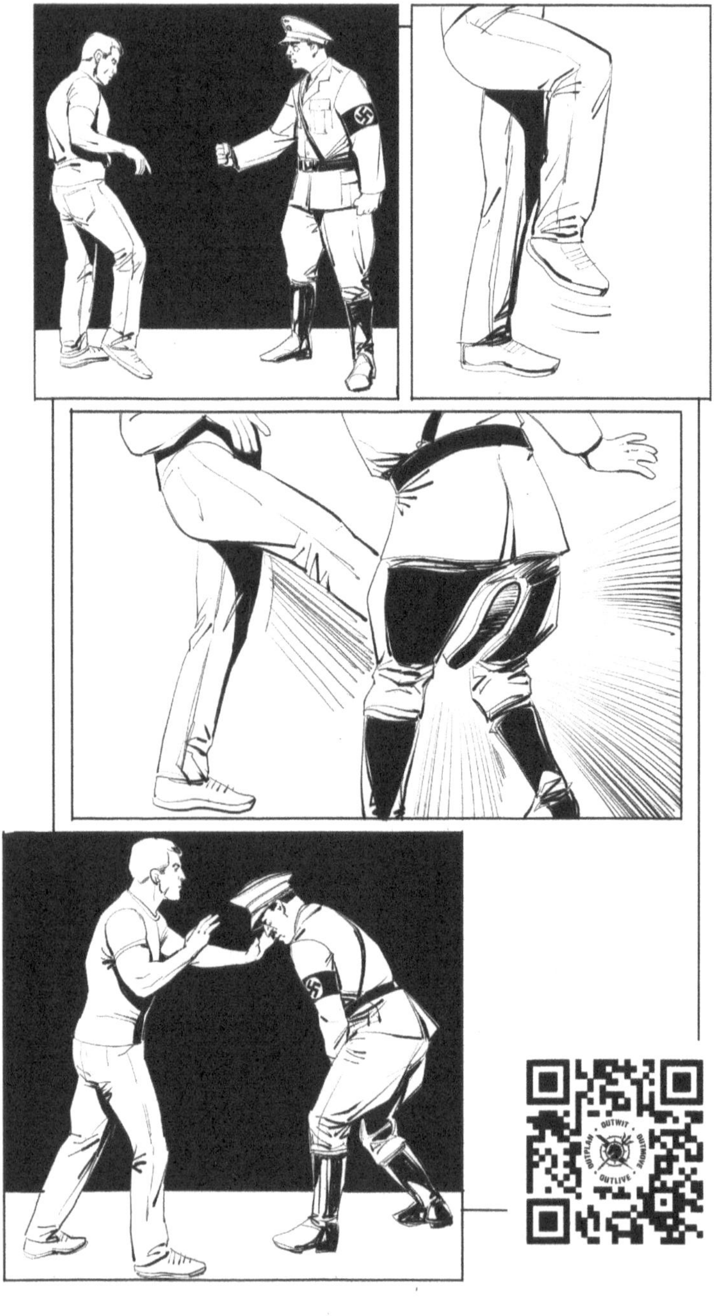

021 Sich aus einer festen Umklammerung von hinten lösen

Situation: Das Ziel beim Krav Maga ist ganz einfach: dem Angreifer möglichst viel Schaden zufügen und so schnell wie möglich davonkommen. Krav Maga ist eher auf Aggression und Angriff ausgerichtet als auf Deeskalation und Verteidigung. Dies ist ein wesentlicher Unterschied zu traditionellen Kampfsportarten, Mixed Martial Arts und sportlichen Wettkämpfen, bei denen »Selbstverteidigung« praktiziert wird. Der Hintergrund liefert die Erklärung: Krav Maga wurde von den israelischen Verteidigungskräften, israelischen Spezialeinheiten und regulären Infanterieeinheiten entwickelt und angewandt. Es ist ebenso schlicht und gnadenlos wie effektiv. Wenn Sie zum Beispiel überraschend von hinten angegriffen und umklammert werden, müssen Sie sich offensiv und entschlossen verteidigen und dem Angreifer Schaden zufügen.

Aufgabe: Verletzen Sie Ihren Angreifer, fügen Sie ihm Schmerzen zu und verlassen Sie die Gefahrenzone.

Ausführung: Wenn Sie jemand von hinten mit beiden Armen festhält:

1. Behalten Sie die Kontrolle über die Hände Ihres Angreifers, mit denen er Sie umklammert.
2. Drücken Sie Ihre Brust nach vorne und die Hüfte nach hinten, um es dem Angreifer zu erschweren, Sie zu packen und zu Boden zu werfen.
3. Während Sie Ihr Gewicht nach vorne verlagern, machen Sie einen Schritt zur Seite und schlagen dem Übeltäter gleichzeitig mit einer Hammerfaust in die Leiste.

No. 021: SICH AUS EINER FESTEN UMKLAMMERUNG VON HINTEN LÖSEN

4. Ziehen Sie Ihre Schlaghand wieder nach oben und konzentrieren Sie sich auf die Hände des Gegners, mit denen er Sie immer noch festhält.
5. Ziehen Sie die verschränkten Hände weg, während Sie einen Schritt zurücktreten, um der Umklammerung zu entkommen.
6. Stoßen Sie Ihren Gegner von sich weg und nutzen Sie den Schwung des Stoßes, um sich in die entgegengesetzte Richtung zu bewegen und zu fliehen.

Hilfe und Unterstützung: Wie bei jeder Abfolge kombinierter Schläge müssen Sie jede einzelne Bewegung trainieren, bevor Sie alles zusammen ausführen. Sie müssen auch üben, wie Sie die Hände des Angreifers, mit denen er von hinten Ihre Brust umfasst, unter Kontrolle bekommen. Lassen Sie sich von Ihrem Trainingspartner herumwerfen, um ein besseres Gespür für Ihre Möglichkeiten zu bekommen. Trainieren Sie Ihre Beinarbeit, indem Sie nach links und rechts schreiten, während Ihr Partner sich widersetzt. Gehen Sie jede Phase der Flucht durch und üben Sie alle Schritte zusammen, sobald Sie sie sicher beherrschen.

Anweisung und Kontrolle: Die Möglichkeit, dass Sie wie aus heiterem Himmel angegriffen werden, ist leider immer gegeben. Die Wahrscheinlichkeit lässt sich jedoch verringern, indem Sie die roten Bereiche regelmäßig checken. Wenn Sie jemand von hinten packt, hat Ihr Angreifer keine Zeit, Sie mit seinen Händen vollständig in den Griff zu nehmen, weil Sie zuvor Ihren roten Bereich regelmäßig überprüft und den Angriff frühzeitig erkannt haben.

022 Einen Messerangriff verhindern

Situation: Im Jahr 2019 gab es in den USA knapp über 180 000 schwere Angriffe mit Schusswaffen. Im Vergleich dazu gab es nur etwas mehr als 110 000 Angriffe mit Messern oder anderen Schneidwerkzeugen. Statistisch gesehen ist die Wahrscheinlichkeit, erschossen oder erstochen zu werden, geringer, als man denkt. Die Lösung scheint einfach zu sein: Tragen Sie eine Waffe. Wenn Sie aus dem Hinterhalt mit einem Messer angegriffen werden, müssen Sie sich leider zunächst um das Messer kümmern, damit Sie nicht verletzt oder erstochen werden. Erst danach bietet sich die Gelegenheit, Ihre Pistole zu ziehen und zu schießen.

Aufgabe: Lassen Sie sich nicht abstechen.

Ausführung: Die Kontrolle über die Hand zu bekommen, in der Ihr Gegner das Messer hält und mit dem er Sie bedroht, sowie Ihre lebenswichtigen Organe aus der Angriffszone zu bringen, hat Priorität. Wenn Sie mit Ihrem Unterarm das Ellbogengelenk Ihres Angreifers treffen, können Sie verhindern, dass er mit dem Messer in Ihren Oberkörper sticht. Und wenn Sie sich in der Hüfte beugen und einen Schritt zur Seite machen, sind Sie ebenfalls ein kleineres und weiter entferntes Ziel. Halten Sie den Angreifer mit Ihrem anderen Arm in Schach und bringen Sie ihn aus dem Gleichgewicht. Sobald sich die Gelegenheit bietet, gehen Sie auf den Arm zu, mit dem der Schurke das Messer hält, und legen Ihre Arme wie Haken um diesen Arm, um ihn und das Messer unter Kontrolle zu bekommen. Aus dieser Position heraus können Sie das Handgelenk Ihres Gegners angreifen, damit er das Messer fallen lässt; Sie können ihn wegstoßen und sich genug Platz verschaffen, um entweder wegzulaufen oder Ihre Waffe zu ziehen.

No. 022: EINEN MESSERANGRIFF VERHINDERN

Hilfe und Unterstützung: Machen Sie sich heute schon Gedanken darüber, an welchen Körperstellen Sie eventuell auf sich einstechen lassen würden, falls es einmal zum Ernstfall kommen sollte. Mit anderen Worten: An welchen Körperpartien wären Messerstiche am wenigsten lebensbedrohlich?

Anweisung und Kontrolle: Machen Sie Lärm. Schreien Sie Ihren Angreifer an. Sorgen Sie dafür, dass andere Sie hören. Schreien hilft auch, sich zu konzentrieren und die Kraft zu bündeln, wenn Sie sich dem Feind in den Weg stellen, auf ihn einschlagen oder in den Griff nehmen. Wie ein Schlachtruf dient auch das Schreien dazu, dem Selbstvertrauen Ausdruck zu verleihen, und es soll den Gegner entweder aufschrecken oder einschüchtern. Ein wilder *Kiai-* oder *Kihap*-Schrei, begleitet von der entsprechenden Körperhaltung, gibt dem Angreifer zu verstehen, dass Sie nicht klein beigeben werden. Durch einen lauten, einsilbigen Schrei spannt sich Ihre Rumpfmuskulatur an, und das wiederum hilft, die lebenswichtigen Organe vor Stichverletzungen zu schützen.

023 Schnappen Sie sich die Waffe des Bösewichts

Situation: Pistolen werden in allen Ausführungen und Modellen hergestellt. Wenn Sie den Unterschied zwischen einem Revolver und einer auf Sie gerichteten halbautomatischen Pistole kennen, verkürzt das Ihre Zeit, in der Sie eine Entscheidung hinsichtlich Ihres Vorgehens treffen. Am besten wäre es, wenn Ihre Kampftechniken, die darauf abzielen, den Angreifer zu entwaffnen, auch dazu führen, dass Sie den Kampf für sich entscheiden, ganz gleich, welche Art von Pistole auf Sie gerichtet wird. Es ist jedoch wichtig, die Merkmale der verschiedenen Waffentypen zu kennen, um solch lebensbedrohliche Situationen besser zu meistern. Der Hauptunterschied zwischen einem Revolver und einer halbautomatischen Pistole besteht darin, wie die Munition in die Schussposition gebracht wird. Jedes Mal, wenn der Abzug eines Revolvers betätigt wird, dreht sich die Trommel, und eine neue Patrone ist bereit für den Schuss. Bei einer halbautomatischen Waffe befindet sich die Munition in einem separaten Magazin. Das Magazin ähnelt einem PEZ-Spender und enthält einen Stapel Munition, der auf einer Feder sitzt. Jedes Mal, wenn der Abzug betätigt wird, wird eine verbrauchte Patronenhülse ausgeworfen; anschließend wird eine neue Patrone von der Oberseite des Magazins mechanisch eingezogen und in die Schusskammer der Waffe eingelegt. Wenn Sie im Kampf den Revolver des Angreifers an sich bringen wollen, dann beachten Sie, dass mehr als eine Patrone abgefeuert werden kann, bis Sie die Waffe vollständig unter Kontrolle haben. Bei einer halbautomatischen Pistole hingegen kann nur ein einziger Schuss abgegeben werden, wenn Sie den Lauf und damit auch den Schlitten fest umklammern.

Aufgabe: Handeln Sie mit Vorbedacht – und mit Gewalt.

No. 023: SCHNAPPEN SIE SICH DIE WAFFE DES BÖSEWICHTS

Ausführung: Heben Sie Ihre Hände, sodass Sie keinerlei Gewalttätigkeit signalisieren, und bemühen Sie sich, die Situation zu deeskalieren. Versuchen Sie, während Sie auf den Angreifer einreden, ihn heranzulocken, bis er nur noch eine Armlänge von Ihnen entfernt ist. Achten Sie dann auf die passende Gelegenheit. Sobald sich eine ergibt, strecken Sie Ihre Hand aus und halten den vorderen Teil der Pistole wie eine Schraubzwinge fest. Gleichzeitig umfassen Sie mit der anderen Hand den hinteren Teil der Waffe. Mit beiden Händen an der Pistole drücken Sie den Lauf nach oben und den hinteren Teil der Pistole nach unten, während Sie die Waffe dem Angreifer entreißen und ihm einen hoffentlich schmerzhaften Tritt in die Weichteile verpassen.

Hilfe und Unterstützung: Achten Sie beim Üben dieser Bewegungsabfolge darauf, dass die Waffe gesichert und nicht geladen ist. Verwenden Sie Trainingshilfen aus Gummi oder Spielzeugpistolen, das dient Ihrer eigenen Sicherheit; außerdem vermeiden Sie dadurch versehentliche oder gar tödliche Verletzungen.

Anweisung und Kontrolle: Die Kontrolle über die Waffe zu behalten ist wichtiger, als den Schurken in Schach zu halten. Die Waffe ist Ihr Ziel und sollte niemals aus Ihrem Griff oder Blickfeld geraten, solange Sie sie nicht hundertprozentig unter Kontrolle haben. Sobald Sie ihm die Waffe abgenommen haben, können Sie sie entweder gegen ihn einsetzen oder – je nach Situation, Umgebung, Zahl der Angreifer und Ihrem eigenen Befinden und Geschick – die Flucht ergreifen.

024 Einem Messer an der Kehle entfliehen

Situation: Ein Messer an der Kehle zu haben, löst die schlimmsten Ängste und Beklemmungen aus. Denn es ist eine extrem gefährliche Situation, die Ihnen das Leben kosten kann oder in der Sie zumindest lebensgefährlich verletzt werden und Blut vergießen können. Der Hals ist für lebensbedrohliche Verletzungen besonders anfällig, da sich in ihm die Halswirbelsäule, die wichtigsten Arterien und Venen und natürlich auch die Atemwege befinden. Sollte der Schurke Sie »nur« ausrauben wollen, geben Sie ihm Ihr Geld. Trachtet jedoch jemand danach, Sie ernsthaft zu verletzen oder Sie als Geisel zu nehmen, müssen Sie handeln.

Aufgabe: Wer das Messer unter Kontrolle hat, bestimmt über das Leben. Bekommen Sie auf jeden Fall das Messer unter Kontrolle, ganz gleich, was passiert.

Ausführung: Wenn Sie jemand überfällt und Ihnen ein Messer an die Kehle drückt, greifen Sie sofort mit beiden Händen nach der Hand, in der der Angreifer das Messer hält. Sobald Sie diese Hand unter Kontrolle haben, schlagen Sie gleichzeitig mit den Ellbogen nach hinten und stoßen mit Ihrem Hinterkopf zu. Wenn Sie mit den Ellbogen möglichst stark nach hinten schlagen, während Sie die »Messerhand« im Griff haben, erhalten Sie auch einen Kraftschub, wenn Sie dem Gesicht des Angreifers einen heftigen Hieb mit Ihrem Hinterkopf verpassen. Drücken Sie Ihre Brust heraus und beugen Sie sich in der Hüfte, während Sie sich von Ihrem Gegner lösen und die Hand mit dem Messer mit sich ziehen. Sobald Sie sich aus seinem Griff befreit haben, stoßen Sie den Schuft in die entgegengesetzte Richtung Ihres Fluchtweges.

No. 024: EINEM MESSER AN DER KEHLE ENTFLIEHEN

Hilfe und Unterstützung: Benutzen Sie beim Üben ein sicheres, aus Kunststoff geformtes Trainingsmesser; Spielzeugmesser sind ebenfalls gut geeignet.

Anweisung und Kontrolle: Für den Nahkampf gibt es ein Prinzip, das zuweilen als »Zwei-gegen-eine«-Regel bekannt ist: Wann immer Sie beide Hände benutzen können, um einen Arm Ihres Angreifers unter Kontrolle zu bringen, insbesondere wenn sie eine Waffe halten, sollten Sie diese Regel anwenden. Zwei Hände gegen die eine Hand des Angreifers erhöhen Ihre Chancen, den Kampf für sich zu entscheiden und zu überleben.

HAYES, STEPHEN

DER HARTE KERL

Codename: Ninja
Grundlegende Skills: Ninjutsu-Meister
Weiterführende Skills: To-Shin-Do-Meister

Hintergrund: Stephen K. Hayes hat sein gesamtes Erwachsenenleben damit verbracht, durch das Studium asiatischer Kampfkünste und spiritueller Traditionen nach Perfektion zu streben. Er ist durch Nordamerika, Japan, Europa, die Arktis, China, Tibet, Nepal und Indien gereist und hat an vielen Orten dieser Gegenden gelebt. Er arbeitet als Lehrer, Seminarleiter und Dozent auf der ganzen Welt und wirbt dafür, wie vorteilhaft es ist, das Leben durch Kampfsport zu bewältigen. Stephen inspiriert andere, indem er seinen umfangreichen Hintergrund, den er durch Kampfkunst und Meditation erworben hat, in praktische Lektionen umsetzt, um mit dem Druck und den Unwägbarkeiten des Lebens zurechtzukommen. Studenten, Dozenten und Seminarteilnehmer berichten, dass seine Lehren sie zutiefst ermutigt und gestärkt haben und sie dazu motivierten, in ihrem Privat- und Berufsleben neue und größere Erfolge zu erreichen. Wie kein anderer vermag er es, echte Geheimnisse der Ninja-Kampfkunst zu vermitteln, angereichert mit einzigartigen Einsichten aus den geistesorientierten Wissenschaften zum Thema Meditation aus der Region des Himalaja. Seine Genialität besteht in seiner Kunst, ausgefallene esoterische Ideen aus alten Kulturen für die Sinn suchenden Menschen der westlichen Welt in praktisches und nützliches Wissen zu übersetzen. Seine Gabe liegt in seinem Können, einen vollständigen und allumfassenden Ansatz für persönliche Sicherheit und Stärke bieten zu können.

THEODORE JOHN KACZYNSKI

DER FEIND

Codename: Der Unabomber

Hintergrund: Kaczynski ist ein amerikanischer Terrorist, Anarchist und ehemaliger Mathematikprofessor. In Sachen Mathematik war er ein Wunderkind, gab aber 1969 seine akademische Laufbahn auf, um ein einfacheres Leben zu führen. Zwischen 1978 und 1995 tötete er drei Menschen und verletzte 23 weitere bei dem Versuch, durch eine landesweite Bombenkampagne, die sich gegen Menschen richtete, die mit moderner Technologie zu tun hatten, eine Revolution auszulösen. In Verbindung mit dieser Aktion veröffentlichte er ein Manifest seiner Gesellschaftskritik, die sich gegen die Industrialisierung wandte und eine naturnahe Form des Anarchismus propagierte.

025 Wie man eine Eins-zwei-Kombination eines Boxers kontert

Situation: Die Eins-zwei-drei-Kombination ist bei Kampfsportlern sehr angesagt. Sie besteht in der Regel aus einem Jab, gefolgt von einem Cross und einem Haken oder Kick, um die Kombination zu komplettieren. Da sie so beliebt ist, ist es nur sinnvoll zu lernen, wie man sich gegen sie verteidigt. Mit viel Training kann man den meisten Schlägen ausweichen. Wenn Sie jedoch noch ein Anfänger im Kampfsport sind, ist es vielleicht einfacher, diese kombinierten Schläge allein durch Beinarbeit abzuwehren.

Aufgabe: Abwehren, ausweichen und wiederholen.

Ausführung: Das Abwehren eines Schlags und das seitliche Ausweichen bedingen sich gegenseitig, um einen Schlag effektiv zu kontern. Wenn Sie nach rechts oder links ausweichen, während der Unterarm Ihrer Führhand den Schlag abfängt, vereiteln Sie einen direkten Treffer gegen Ihren Körper und lenken den Schwung Ihres Gegners ab. Denken Sie daran, dass Sie zwar immer noch am Kopf getroffen werden können, aber Ihre effektive Abwehr senkt das Risiko, dass Sie verletzt oder k. o. geschlagen werden. Im Wesentlichen handelt es sich um ein Schutzmanöver gegen einen Angriff, das beide Schlagmöglichkeiten des Gegners zunichtemacht und dass ihn verwundbar für einen Gegenangriff macht.

Hilfe und Unterstützung: Wenn Sie den Jab dadurch abwehren, indem Sie einen Schritt zur Seite machen, ändert sich der Angriffswinkel, der Rest der Schlagkombination wird unterbunden, und Ihr Gegner steht ungedeckt da, sodass Sie Ihren Gegenangriff einleiten können. Das Abwehren des Schlags und das seitliche Ausweichen sind effektiver, wenn beides in Kombination erfolgt.

No. 025: WIE MAN EINE EINS-ZWEI-KOMBINATION EINES BOXERS KONTERT

Anweisung und Kontrolle: Wo Sie auch sind oder was immer Sie tun: Eine Kombination bestimmter Bewegungen sollten Sie als Ausweichstrategie stets im Hinterkopf haben. Wenn Sie unvorbereitet in einen Kampf geraten, haben Sie eine Sorge weniger zu bedenken. Seien Sie darauf vorbereitet, Schläge abzuwehren, sich zu bewegen, einen Gegenangriff einzuleiten und das Kampfgeschehen zu verlassen.

026 Wie man sich wehrt, wenn jemand auf Sie eindrischt

Situation: Manche Menschen wollen einfach nur Idioten sein. Jemand, der keinen Kampfsport betreibt, ist in der Regel derjenige, der blind um sich schlägt, der sich unter den Augen anderer aufspielt und sie blöd anmacht. Fast immer ist es irgendein Spinner, der Sie schubst oder zuerst zuschlägt. Manchmal hat der Typ Glück, weil er auf jemanden trifft, der ebenfalls keine Ahnung von Kampfkunst hat. Ausgebildete Kampfsportler sind in der Regel die Letzten, die eine Schlägerei anzetteln, weil sie wissen, dass jemand, mit dem man vielleicht auf Tuchfühlung gehen muss, nie unterschätzt werden darf. Was hingegen bei Kampfsportlern unterschätzt wird, ist, dass sie über die nötige Selbstbeherrschung und Disziplin verfügen, um einem Kampf aus dem Weg zu gehen.

Aufgabe: Machen Sie sich den Angriff des Gegners zu Ihrem Vorteil zunutze.

Ausführung: Mit einem Schritt zur Seite können Sie den Schlägen eines Angreifers ausweichen. Manchmal geht es im Kampf gar nicht darum, auf alle Fälle zuzuschlagen, sondern entscheidend sind die Winkel und die Reichweite. Wenn jemand andeutet, Sie mit ausholenden Armen und den entsprechenden Schlägen zu verprügeln, gibt er gewissermaßen seine Deckung auf, sodass er angreifbar wird. Einen Schritt zur Seite zu machen und ihm dabei eins aufs Auge zu geben, gefolgt von einem Ellbogenhieb gegen den Kopf, ist eine hervorragende Möglichkeit, den Gegner davon abzuhalten, weiter auf Sie einzudreschen. Sollte er sich festklammern, machen Sie sich die Gesetze der Physik zunutze und werfen ihn zu Boden.

No. 026: WIE MAN SICH WEHRT, WENN JEMAND AUF SIE EINDRISCHT

Hilfe und Unterstützung: Den Gegner Ihre Hammerfaust spüren zu lassen, kann genauso effektiv sein wie ein Schlag mit der Faust oder dem Handballen. Wenn Sie zusätzlich mit der anderen Hand seinen Kopf festhalten, während Sie ihm einen Hieb mit dem Ellbogen verpassen, zeigt das noch mehr Wirkung, da er den Kopf nicht bewegen kann.

Anweisung und Kontrolle: Lassen Sie unberechenbare und aggressive Personen nie aus den Augen. Auch wenn sie keine Ahnung vom Kämpfen haben, sollten Sie immer auf der Hut sein.

027 Einen Messerangriff auf die Bauchgegend abwehren

Situation: Messerstechereien finden unter Bandenmitgliedern, in Gefängnissen und in Hinterhöfen auf der ganzen Welt statt. Messer sind preiswert, leicht zu beschaffen oder herzustellen, mühelos zu verstecken und tödlich. Die menschliche Haut ist bis zu einem gewissen Grad elastisch und bietet somit einen natürlichen Schutz. Bei einem Stich mit einem kleinen und scharfen Gegenstand wie einem Küchenmesser verschließt sich die Haut, wenn die Klinge eindringt, aber sie schließt sich auch dann wieder, wenn sie entfernt wird. Deswegen tritt das Blut oft nicht aus. Man nahm daher irrtümlicherweise an, die Hohlkehle – die längliche Vertiefung einer Klinge – diene dazu, Blut aus dem Körper austreten zu lassen, um größere Verletzungen herbeizuführen. Aufgrund dieses Irrtums wurden die Hohlkehlen als »Blutrillen« bekannt. Tatsächlich aber besteht die Funktion der Hohlkehle darin, die Klinge hinsichtlich ihres Aufbaus zusätzlich zu verstärken, ähnlich wie ein Doppel-T-Träger aus Metall im Bauwesen.

Aufgabe: Verbluten Sie nicht.

Ausführung: Ihr Ziel ist es, die Hand mit dem Messer schnellstmöglich abzufangen. In Wirklichkeit sieht es so aus, dass bei einem Messerangriff wahrscheinlich mindestens ein- oder zweimal auf Sie eingestochen wird, bis Sie der Stecherei ein Ende machen. Beugen Sie sich so schnell wie möglich mit dem Oberkörper nach vorne, um Ihren Bauchbereich aus der Gefahrenzone und aus der Reichweite des Messers zu bringen. Als Erstes sollten Sie sich unbedingt auf das Ellbogengelenk Ihres Gegners konzentrieren, indem Sie es packen und unter Kontrolle bringen; dadurch hat der Killer eine kürzere Reichweite. Wenn Sie sich dann von seinem Ellbogen über den Unterarm bis zu seinem Handgelenk vorarbeiten, haben Sie die völlige Kontrolle über den Arm und das Messer.

No. 027: EINEN MESSERANGRIFF AUF DIE BAUCHGEGEND ABWEHREN

Hilfe und Unterstützung: Sie müssen diese Techniken trainieren, um sich effektiv verteidigen zu können.

Anweisung und Kontrolle: Sobald das Messer keine Gefahr mehr für Sie darstellt, lassen Sie es nicht mehr aus den Augen. Durch Ihre beiden Hände, mit denen Sie den Arm des Schufts umfassen, haben Sie die Situation unter Kontrolle. Indem Sie Ihren Körper zwischen seine beiden Arme schieben, verhindern Sie, dass er seine andere Hand im Kampf benutzen kann.

028 Eine Bedrohung mit einem Messer am Hals abwehren

Situation: Wenn Ihnen jemand von hinten ein Messer an die Kehle setzt, ist irgendetwas schiefgelaufen. Im wirklichen Leben tauchen derartige Bösewichte jedoch nicht auf wundersame Weise aus dem Nichts auf, weder hinter ihrem Rücken noch direkt vor Ihnen. Angriffe mit Messern sind in der Regel hinterhältig; meist sieht man sie nicht kommen. Und in den meisten Fällen denkt jemand, auf den eingestochen wurde, er oder sie habe lediglich einen Schlag abbekommen. Wenn Ihnen jemand ein Messer an den Hals drückt, ist das lebensgefährlich. Und auch, wenn Sie höchstwahrscheinlich nie in eine solche Lage geraten, sollten Sie gleichwohl wissen, wie Sie aus einer solchen Situation lebend herauskommen.

Aufgabe: Behalten Sie stets einen klaren Kopf.

Ausführung: Tun Sie so, als würden Sie nachgeben und drücken Sie sich energisch mit Kopf und Rücken gegen Ihren Angreifer. Reißen Sie die Arme hoch und geben Sie dem Mistkerl auf diese Weise zu verstehen, dass Sie ihm nichts Böses wollen. Wenn Sie sich mit Kopf und Rücken in ihn hineinlehnen und Ihre Arme hochheben, können Sie seinen Ellbogen mit dem erhobenen Arm gegen Ihren Kopf drücken, sodass sein Ellbogen in der Falle sitzt. Und sobald Sie den Arm mit dem Messer eingeklemmt haben, übernehmen Sie die Kontrolle über die Waffe. Achten Sie darauf, dass er das Messer nicht mehr bewegen kann und nehmen Sie es ihm so schnell wie möglich aus der Hand.

No. 028: EINE BEDROHUNG MIT EINEM MESSER AM HALS ABWEHREN

Hilfe und Unterstützung: Wenn Ihr Leben bedroht ist, ist alles erlaubt – Sie können dem Angreifer die Finger, das Handgelenk oder den Ellbogen verdrehen oder brechen, damit Sie überleben. Denken Sie daran, dass einige dieser Techniken Feinmotorik erfordern, und sobald Ihr Adrenalinspiegel steigt, können eben diese Techniken zu einer Herausforderung für Sie werden, wenn Sie nicht regelmäßig trainieren. Sich jedoch auf seine grobmotorischen Fähigkeiten zu verlassen, ist stets eine gute Idee.

Anweisung und Kontrolle: Das Allerwichtigste ist, dass Sie das Messer unter Kontrolle bekommen. Denken Sie daran: Durch die Zwei-gegen-eine-Regel werden Sie stets die Oberhand gewinnen. Das heißt, wenn jemand ein Messer oder eine Schusswaffe hat, müssen Sie sich mit beiden Händen die Hand des Angreifers vorknöpfen, in der er die Waffe hält.

029 Die richtige Verteidigungsstrategie, wenn einem eine Pistole an den Kopf gehalten wird

Situation: Selbstverständlich sollten Sie nie das Opfer einer Geiselnahme werden. In einer solchen Situation würde Ihnen der gesunde Menschenverstand sagen, dass Sie ruhig bleiben sollen und den Geiselnehmern das geben, was Sie verlangen. Ihr Leben ist wertvoller als Ihre Uhr oder Ihre Brieftasche, also geben Sie ihnen, was immer sie wollen, und hoffen Sie, dass Sie dann nicht gekidnappt oder für lange Zeit festgehalten werden. Das FBI listet fünf einfache Tipps auf, sollten Sie einmal mit einem Gangster verhandeln müssen:

1. Zuhören: Hören Sie einfach nur gut zu und vergewissern Sie sich, dass der Bösewicht weiß, dass Sie ihm Ihre ganze Aufmerksamkeit gewidmet haben.
2. Empathie zeigen: Versuchen Sie, sich in die Situation des Schurken hineinzuversetzen und seine Gefühle nachzuvollziehen, ganz gleich, ob Sie ihm zustimmen oder nicht.
3. Verständigung: Wenn Sie das Gemüt und die Beweggründe des Übeltäters verstanden haben, sollten Sie sich in ihn hineinversetzen und versuchen, eine Beziehung zu ihm aufzubauen.
4. Beeinflussung: Bringen Sie ihn nicht dazu, etwas zu tun, was er nicht tun will. Es geht vielmehr darum, ihm zu helfen, sein Ziel auf andere Weise zu erreichen.
5. Veränderung des Verhaltens: Die ersten vier Schritte werden hoffentlich dazu führen, dass der Bösewicht sein ursprüngliches Verhalten so weit ändern wird, dass die Situation ein akzeptables Ende für alle Beteiligten nimmt.

No. 029: DIE RICHTIGE VERTEIDIGUNGSSTRATEGIE, WENN EINEM EINE PISTOLE AN DEN KOPF GEHALTEN WIRD

Aufgabe: Überleben, um den Vorfall berichten zu können.

Ausführung: Das Hochhalten der Hände verschafft Ihnen einen gewissen Vorteil und täuscht außerdem vor, dass Sie sich dem Angreifer fügen. Wichtig ist, dass Ihr Arm sich weit außen und hinter dem Ellbogen des Bewaffneten befindet, denn so können Sie seinen Ellbogen gegen die Seite Ihres Kopfes drücken und ihn in die Klemme nehmen, indem Sie Ihren Arm wie eine Metallschelle über Ihren Kopf legen. Auf diese Weise zielt die Pistole nicht mehr auf Ihren Kopf und Sie können dem Angreifer die Waffe entreißen.

Hilfe und Unterstützung: Mit theatralischem Gehabe bringen Sie sich mitunter in eine vorteilhafte Situation. Wenn Sie sich ängstlich geben und Ihren Gegner mit den Schultern zurückstoßen, kann ihn das mental für Ihren nächsten Zug entwaffnen. Angst vorzutäuschen und so zu tun, als fürchte man um sein Leben, streichelt mitunter sein Ego, gibt ihm das Gefühl, mehr Macht zu haben, und vermittelt ihm den Eindruck, er sei auf der Gewinnerseite.

Anweisung und Kontrolle: Von entscheidender Bedeutung ist, dass Sie stets darauf achten, worauf die Waffe gerichtet ist. Davon ausgehend sollten Sie bestimmen, wann Sie aktiv werden. Sobald Sie bereit sind, müssen Sie brutal und entschlossen handeln.

030 Der richtige Einsatz eines Wurfsterns

Situation: Entgegen der landläufigen Meinung waren Wurfsterne nicht in erster Linie als Tötungswaffen gedacht. Sie hatten eher eine untergeordnete Funktion, denn sie sollten den Schurken ablenken oder ihn leicht verletzen, indem man mit ihnen auf ungeschützte Körperteile zielte, einschließlich Augen, Gesicht, Hände oder Füße. Der Stern kann manchmal so geworfen werden, dass das Ziel nur gestreift wird und der Getroffene im Unklaren darüber bleibt, woher die Wunde stammt.

Aufgabe: Sie haben nur einen Wurf. Und der muss sitzen.

Ausführung: Werfen sie den Stern nicht wie einen Baseball, sondern wie einen Frisbee. Wenn Sie ihn korrekt auf ein Ziel zuwerfen, sollte der Zeigefinger Ihrer Wurfhand dorthin zeigen, wo der Stern auftreffen soll. Aus kurzer Distanz ist das nicht schwierig, doch mit zunehmender Entfernung nimmt die Genauigkeit ab.

Hilfe und Unterstützung: Die heutigen Wurfsterne werden meist aus Edelstahl hergestellt und sind in vielen Messerläden in Europa und Nordamerika erhältlich. In Deutschland sind Wurfsterne seit dem 1. April 2003 per Gesetz verboten.

Anweisung und Kontrolle: Wenn Sie mit scharfkantigen Waffen werfen, sollten Sie stets darauf achten, was sich vor und hinter Ihnen befindet, damit niemand versehentlich verletzt wird.

No. 030: DER RICHTIGE EINSATZ EINES WURFSTERNS

BATHORY, ZOLTAN

DER HARTE KERL

Codename: Rock 'n' Roll
Grundlegende Skills: Judo
Weiterführende Skills: Jiu-Jitsu

Hintergrund: Zoltan ist ein in Ungarn geborener amerikanischer Musiker und Kampfsportler. Er ist der Gründer und Rhythmusgitarrist der Heavy-Metal-Band Five Finger Death Punch aus Las Vegas. 2010 wurde er bei den Golden Gods Awards des Magazins *Metal Hammer* als »Best Shredder« ausgezeichnet. Zoltan ist außerdem Gründungsmitglied der gemeinnützigen Organisation Home Deployment Project für Veteranen in Las Vegas und sitzt im Beirat von VETPAN (Veterans Empowered to Protect African Wildlife), einer in Afrika aktiven Anti-Wilderer-Organisation, die sich aus US-Kampfveteranen zusammensetzt.

In seinem Privatleben ist Zoltan ein Kampfsportler, der Judo und brasilianisches Jiu-Jitsu praktiziert und häufig in Martial-Arts-Magazinen zu sehen ist. Er ist Mitglied des Jiu-Jitsu-Wettkampfteams von Gracie Humaitá unter Professor Amilcar Cipili (schwarzer Gürtel 4. Grades) und dem Meister Royler Gracie (schwarzer Gürtel 7. Grades). Zoltan hat die Silbermedaille bei den Abu Dhabi Pro Jiu-Jitsu World Trials und bei der nordamerikanischen Grappling-Meisterschaft gewonnen. Bei der Masters World Championship 2012 wurde er Dritter in seiner Klasse. Er ist einer der wenigen Zivilisten, die von der US Army als Ausbilder (Level 1) für Modern Army Combatives im Nahkampf zertifiziert wurden. Zoltan trainiert außerdem Wing Chun Kung-Fu unter Großmeister Randy Williams von der CRC Academy und Guerilla Jiu-Jitsu unter Professor John Simons III.

ANWAR NASSER AL-AWLAKI

DER FEIND

Hintergrund: Al-Awlaki war ein jemenitisch-amerikanischer Imam und islamistischer Extremist. Nach Angaben von US-Regierungsbeamten war er ein hochrangiger Rekrutierer und Motivator und entscheidend an der Planung terroristischer Operationen der militanten islamistischen Gruppe al-Qaida beteiligt. Al-Awlaki war der erste US-Bürger, der 2011 im Jemen durch einen US-Drohnenangriff getötet wurde.

031 Deeskalation eines potenziellen Kampfes

Situation: Die Raubtier-/Beute-Mentalität zeigt sich in der Körpersprache. Raubtiere suchen und genießen die Jagd. Sie jagen oft das, von dem sie wissen, dass sie es töten können. Sie wollen gewinnen, und zwar möglichst einfach. Wenn Sie in einer Kneipe, auf einem Parkplatz oder in Ihrem Lieblingscafé von einem streitsüchtigen Idioten belästigt werden, kann Deeskalation bedeuten, dass Sie sich behaupten müssen, indem Sie klar und deutlich machen, dass Sie ein harter Kerl sind, nach dem Motto: »Ich bin keine leichte Beute«.

Aufgabe: Seien Sie kein leichtes Opfer.

Ausführung:

1. Legen Sie Ihre Handflächen wie zu einer friedlichen Gebetshaltung aneinander.
2. Bewegen Sie Ihre Hände ganz langsam durch die Luft hin und her.
3. Schauen Sie ganz natürlich und sagen Sie: »Sie wollen das nicht tun; es gibt hier nichts für Sie zu holen.«
4. Bleiben Sie standhaft und weichen Sie nach rechts oder links aus, um Ihren Gegner aus dem Gleichgewicht zu bringen und seine Angriffsmöglichkeiten einzuschränken.

Hilfe und Unterstützung: Es gibt viele Haltungen, die keinerlei Gewalt signalisieren. Wie bereits erwähnt, gibt es keine richtige oder falsche Position, solange es eine Stellung ist, die Sie sich angewöhnt haben, aus der Sie reagieren können und in der Sie sich als jemand präsentieren, von dem keine Gefahr ausgeht.

No. 031: DEESKALATION EINES POTENZIELLEN KAMPFES

Anweisung und Kontrolle: Psychospielchen gehören dazu, um den mentalen Kampf zu gewinnen und zu deeskalieren, bevor es zu einem handgreiflichen Konflikt kommt. Wenn Sie zurückweichen, steigert das womöglich das Selbstvertrauen des streitsüchtigen Idioten und seinen Kampftrieb, also bleiben Sie standhaft. Wenn Sie ihm auf die Pelle rücken und sich auf sein Verhalten einlassen, kommt es garantiert zum Kampf. Letztlich wollen Sie, dass Ihr neuer Freund erkennt, wie viel Selbstvertrauen in Ihnen steckt, sodass er seine Siegesaussichten selbst infrage stellt.

032 Schläge abblocken

Situation: Eine der wichtigsten Grundlagen des Judo ist *Kuzushi*, die Kunst, den Angreifer aus dem Gleichgewicht zu bringen. Kuzushi besteht darin, den Gegner an sich zu ziehen und wieder wegzustoßen, damit er den Halt verliert und Sie ihn mit der Wurftechnik *Nage-Waza* schnell zu Boden bringen. Routinierte Judokas wissen, dass der Boden im Kampf ihr Freund ist. Wenn Sie Ihren Gegner mit korrekt ausgeführtem Wurf zu Boden schleudern, kann der Kampf dadurch ebenso schnell beendet werden wie durch einen K.-o.-Schlag. Um den Gegner aus dem Gleichgewicht und ihn so hart zu Boden zu bringen, dass er sich die Rippen bricht, müssen Sie den Angriff abwehren und nah an ihn herangehen.

Aufgabe: Nur keine Angst: Gehen Sie mit dem Gegner auf Tuchfühlung.

Ausführung: Die Gebetshaltung mit aneinandergelegten Händen auf Höhe der Augen bietet mehrere Möglichkeiten, den gegnerischen Schlag abzuwehren. Ganz gleich, ob Jab, Cross oder gar Tritte: Ihre Unterarme sind erhoben und bereit, einen Schlag abzublocken. Außerdem wird der Angreifer dadurch gezwungen, mit seinen Armen weiter auszuholen, da Sie mit Ihren »betenden« Händen mittig vor ihm stehen, oder anders ausgedrückt: Ihre Hände befinden sich stets zwischen den beiden Armen des Gegners, ganz gleich, auf welche Weise er zuschlägt, und das macht seinen Oberkörper anfällig für Ihren Gegenangriff. Dieser kann so aussehen, dass Sie den Schuft an sich heranziehen oder von sich wegstoßen, um ihn aus dem Gleichgewicht zu bringen, oder seinen Schwung gegen ihn selbst wenden, um ihn zu Boden zu werfen.

No. 032: SCHLÄGE ABBLOCKEN

Hilfe und Unterstützung: Die Reaktionen des Gegners sind auf vielerlei Art vorhersagbar. Wenn Sie einmal gelernt haben, seine Bewegungen zu erahnen, ist es einfach, sein Verhalten vorauszusehen und es entsprechend auszunutzen. Wenn Sie zum Beispiel auf Ihren Gegner zugehen und ihn wegstoßen, macht er in der Regel einen Schritt zurück, stützt sich ab und versucht als Nächstes, Sie wegzustoßen. Durch sein Vorpreschen können Sie ihn dieselbe Richtung, in die er Sie zu drängen versucht, zu Boden werfen. Meistens wird der Angreifer mithilfe von Wurfkombinationen aus dem Gleichgewicht gebracht. Der erste Teil des Wurfs bringt ihn in eine instabile Lage, sodass der nachfolgende Teil ihn erfolgreich zu Boden wirft.

Anweisung und Kontrolle: Den meisten Menschen gelingt es, sich selbst gut aus dem Gleichgewicht zu bringen. Eine Möglichkeit, Judowürfe anzuwenden, besteht darin, jede Gelegenheit zu nutzen, die sich einem bietet. Man kann sich grundsätzlich nicht bewegen, ohne etwas aus dem Gleichgewicht zu geraten. In dem Moment, in dem Sie angegriffen werden, machen die Kraft und die Wucht Ihres Gegners ihn anfällig für Ihren Konter.

033 Sich aus dem Griff des Angreifers lösen

Situation: Streitlustige Bösewichte haben keinen blassen Schimmer von richtiger Kampfkunst. Sie können nur das Übliche: Sie schubsen und stoßen, begrapschen einen oder teilen Schläge aus. Sie triumphieren, weil sie andere einschüchtern und nicht, weil sie gut kämpfen können. Ein Kampfsportler, der seine Kunst versteht und respektiert, wird nie jemanden unterschätzen, der ihm auf der Straße begegnet. Und er wird nicht wahllos jemanden angreifen oder eine Prügelei anzetteln. Kampfsportler sind im Allgemeinen diszipliniert und schüchtern niemanden durch ihr Können ein. Sie wissen, wie wichtig es ist, einen Fremden nicht zu verkennen.

Aufgabe: Wenden Sie den Griff eines Feindes gegen ihn selbst an.

Ausführung: Ob Sie nun mit einem Clinch eng umklammert, weniger fest am Hals oder Kragen oder an den Schultern gepackt werden: Die Ellbogen- und Schultergelenke des Gegners sind die Schwachstellen seines Griffs. Wenn Sie Ihren Unterarm als Hebel einsetzen und sich mit Ihrem Rumpf drehen, können Sie die stärksten Griffe aushebeln.

Hilfe und Unterstützung: Beinarbeit ist Teil des Erfolgsrezepts. Behalten Sie die Haltung Ihres Gegners im Auge und sorgen Sie dafür, dass Sie mithilfe Ihrer Beine jeden Moment ausnutzen, in denen er aus dem Gleichgewicht ist.

Anweisung und Kontrolle: Hat der Angreifer erst einmal zugegriffen, hält er sie oft einfach nur fest, weil er nicht weiß, wie er Sie sonst unter Kontrolle halten soll. Das verschafft Ihnen im Gegenzug den Vorteil, dass der Angreifer nicht ahnt, wie Sie reagieren, bevor Sie zuschlagen.

No. 033: SICH AUS DEM GRIFF DES ANGREIFERS LÖSEN

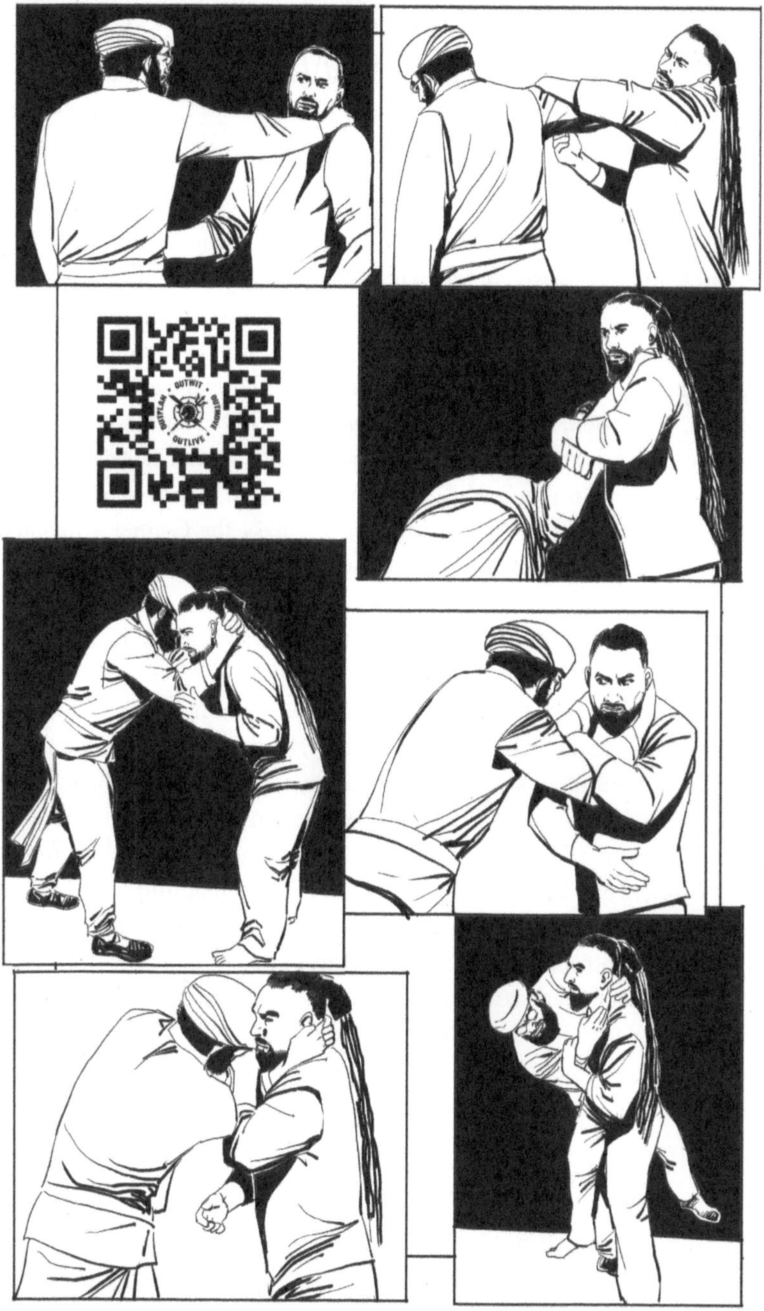

034 Haken austeilen, um den Gegner ins Wanken zu bringen

Situation: Es gibt mehr als 60 Judowürfe, und jeden annähernd perfekt zu beherrschen, ist genauso wichtig wie die Würfe selbst. Die Kunst des Judo besteht darin, dass Sie selbst das Gleichgewicht halten, während Sie Ihren Angreifer ins Wanken bringen, und nicht darin, ihn zu Boden zu werfen. Es geht darum, die Schwachstellen und die Vorteile des eigenen Gleichgewichts zu kennen, dann werden Sie auch die Ihres Feindes kennen. Sie warten nicht darauf, dass Ihr Gegner angreifbar wird. Sie selbst sorgen durch Schubsen, Stoßen und Ziehen dafür, dass er in eine schutzlose Situation gerät. Sobald es Ihnen gelungen ist, dass Ihr Gegner strauchelt, können Sie ihn auch leichter zu Boden werfen.

Aufgabe: Werfen Sie ihn auf seinen Hintern oder sein Gesicht.

Ausführung: Wenn Sie Ihre Zehen hoch zum Spann ziehen, bilden Sie eine Art Fuß-Haken. Wird dieser Haken richtig eingesetzt, indem Sie Ihren Gegner damit an sich heranziehen oder von sich wegstoßen, fällt er auf sein Gesicht oder seinen Hintern. Sie können sich hinten in sein Bein einhaken, indem Sie Ihr Bein außen um das gegnerische Bein legen oder von der Innenseite her. Die Art, wie seine Füße stehen und welche Richtung er einschlägt, machen in diesem Augenblick aus, wie Sie Ihren Fuß am effektivsten einsetzen. Wenn Sie mit Ihrem Fuß-Haken mehrere Tricks in Kombination folgen lassen und den Gegner dabei nach hinten schieben, haben Sie bessere Chancen auf Erfolg, und Ihr Angreifer landet auf seinem Allerwertesten.

No. 034: HAKEN AUSTEILEN, UM DEN GEGNER INS WANKEN ZU BRINGEN

Hilfe und Unterstützung: Denken Sie daran: Jedes Mal, wenn Sie sich mit einem Fuß vom Boden lösen und mit dem Standbein für das Gleichgewicht sorgen, bringen Sie sich in eine bisweilen nachteilige Lage. Jeder Haken, den Sie mit dem Fuß und den Zehen bilden, wird zu einer Schwachstelle hinsichtlich Ihrer Balance.

Anweisung und Kontrolle: Im Allgemeinen meint man, es bedürfe nur des Herumschubsens, sodass jemand das Gleichgewicht verliert. Es ist jedoch viel mehr als das. Man kann den Gegner auch ins Wanken bringen, indem man zum Beispiel seinen Rhythmus unterbricht, einen Angriff nur vortäuscht, die Körperhaltung ändert, auf andere Art und Weise zugreift oder sogar laut schreit (*Kiai*). Lassen Sie Ihrer Kreativität freien Raum, um Ihren Gegner zu irritieren.

035 Judowürfe lernen, um den Kampf zu beenden

Situation: Judo ist sehr nützlich und bietet etliche Vorteile. Mit der richtigen Anleitung und etwas Übung beherrscht jeder die meisten Judowürfe. Da keine Tritte, Fausthiebe oder andere Schläge vorgesehen sind, kann so gut wie jeder diese Techniken erlernen und anwenden. Judo ist als Selbstverteidigung so nützlich, weil die Kraft prinzipiell umverteilt wird und wesentlich größere Gegner zu Fall gebracht werden können. Durch den geringeren Kraftaufwand kann man auch länger kämpfen.

Aufgabe: Seien Sie keine unbewegliche Statue.

Ausführung: Wenn es zu einer Konfrontation kommt und der Angreifer versucht, Sie zu schubsen oder zu packen, müssen Sie als Erstes einen seiner Arme fassen. Diese Falle dient als Anker für den Wurf namens Hüftrad, auch bekannt als *Koshi-guruma*. Sobald Sie den Arm Ihres Gegners umfasst haben, schlagen Sie mit dem Unterarm und den Bizeps Ihres anderen Arms gegen den Hals des Gegners. Drücken Sie weiterhin gegen seinen Hals, während Sie sich aus der Hüfte heraus spiralförmig nach unten drehen. Wenn Sie sich in der Hüfte beugen, den Arm des Angreifers sicher im Griff haben und mit Ihrem anderen Arm gegen seinen Hals drücken, wird er unweigerlich zu Boden gehen.

Hilfe und Unterstützung: Dieser spezielle Judowurf ist wegen möglicher Halsverletzungen bei Wettkämpfen nicht erlaubt. Seien Sie also vorsichtig, wenn Sie mit Ihrem Partner trainieren.

Anweisung und Kontrolle: Judo ist bekannt für seine Würfe, aber tatsächlich vermittelt es ein besseres Verständnis des eigenen Körpers und Gleichgewichts und zeigt, wie man effektive Kampftechniken mit wenig Krafteinsatz anwenden kann.

No. 035: JUDOWÜRFE LERNEN, UM DEN KAMPF ZU BEENDEN

036 Übergang von Verteidigung zu Angriff

Situation: Von einer Boxerfraktur spricht man, wenn man sich einen Knochen an der Basis eines Fingers bricht, in der Nähe des Knöchels oder des Knochenhalses. Das ist der sogenannte Mittelhandknochen, und man bricht sich dabei oft den fünften Mittelhandknochen. Er betrifft meistens den kleinen Finger oder den Ringfinger und tritt am häufigsten bei Männern auf. Diese Verletzung ist der größte Nachteil bei einem Faustschlag, denn wenn man ihn nicht richtig ausführt, besteht die Gefahr, dass man sich mitten im Kampf die Hand bricht. Ganz gleich, wie versiert Sie in der Kampfkunst sind, ist eine Hammerfaust oder ein Handballenschlag möglicherweise die bessere Wahl.

Aufgabe: Brechen Sie dem Gegner die Knochen, nicht sich selbst.

Ausführung: Kung-Fu-Meister lehren, dass man mit derselben Hand Schläge abwehren und zuschlagen kann, indem man die Hände in einer Gebetshaltung zusammenhält. Sie können Ihre Hand entweder geöffnet lassen und mit dem Handballen schlagen, oder Sie lassen sie geschlossen und teilen mit der Unterseite Ihrer Faust aus.

Hilfe und Unterstützung: Der Schädel ist eine harte, knöcherne und unregelmäßig geformte Fläche. Aufgrund seiner Form und Härte ziehen sich selbst die besten Boxer Mittelhandknochenbrüche zu. Eine gute Faustregel lautet: »Weich gegen hart, hart gegen weich«. Schlagen Sie mit der Faust auf den Körper ein und mit dem Handballen oder der Hammerfaust auf den Kopf.

Anweisung und Kontrolle: Mit demselben Arm erst den Angriff abwehren und dann damit zuschlagen, wird selbst die fortgeschrittensten Kämpfer überraschen. Denn in den meisten Fällen rechnet Ihr Angreifer nicht damit, dass Sie mit dem Arm, mit dem Sie seine Schläge abwehren, auch zuschlagen werden.

No. 036: ÜBERGANG VON VERTEIDIGUNG ZU ANGRIFF

ROBAINA, JOE

DER HARTE KERL

Codename: Cane Maestro (Stock-Meister)
Grundlegende Skills: Großmeister, American Cane Self Defense
Weiterführende Skills: Japanisches Aiki Jujutsu

Hintergrund: Joe Robaina ist der Begründer und Entwickler von American Cane Self Defense (ACSD) – einer taktischen Verteidigungsmethode, die für den Einsatz eines Stocks bei Bedrohungen im wirklichen Leben entwickelt wurde – und ein Pionier der Stockkampfkunst und ihrer Traditionen. Mit einer internationalen Fangemeinde und mehr als drei Jahrzehnten Unterrichtserfahrung sowie der Förderung der Selbstverteidigung mithilfe eines Stocks war Joe Robaina maßgeblich daran beteiligt, weltweit die Standards für das entsprechende Training zu setzen. Meister Joe weist nachdrücklich darauf hin, dass ein guter Gehstock für das schnelle Handeln und den persönlichen Schutz im Ernstfall von entscheidender Bedeutung ist. Gut gemachte Stöcke sind robust, haben eine große Schlagkraft und dürfen überallhin mitgenommen werden, auch auf Flügen. Allerdings sind nicht alle Stöcke gleich, und Meister Joe ist sehr wählerisch, wenn es um den richtigen Stock geht, den er auch weiterempfehlen kann. ACSD bietet verschiedene maßgefertigte Stöcke an, die in Zusammenarbeit mit Cane Masters LLC, dem landesweit führenden Hersteller von handgefertigten Stöcken, entwickelt wurden. Sie würden sich niemals auf einen Stock aus dem Supermarkt verlassen wollen, weder für Ihre eigene Mobilität noch zu Ihrem Schutz, während die von Cane Masters hergestellten Stöcke individuell nach den persönlichen Vorlieben jedes Benutzers entworfen werden. Ob Sie sich nun irgendwo auf der Welt an einen Gefahrenherd begeben oder das Nachtleben in der Stadt genießen wollen, es ist legal, einen soliden Stock mit sich zu führen, wohin auch immer Sie gehen.

AMOKLÄUFER/KILLER

DER FEIND

Hintergrund: Ein Amokläufer oder Killer ist jemand, der Massenmorde (oder Mordversuche) begeht. Er geht in der Regel schnell und zügig vor, sucht sich seine Opfer willkürlich aus, tötet mehrere Menschen und begeht danach oft Selbstmord. Das Ministerium für Innere Sicherheit der Vereinigten Staaten definiert einen Amokläufer als »eine Person, die willentlich Menschen in einem räumlich begrenzten und bevölkerten Gebiet töten will oder versucht, sie zu töten; in den meisten Fällen verwenden Amokläufer Schusswaffen, und es gibt kein Muster oder eine Methode für die Auswahl ihrer Opfer«.

037 Der Griff eines Gehstocks als Schlagring

Situation: Enge Räume können sowohl für Angriffs- als auch für Offensivtaktiken problematisch sein, es sei denn, Sie trainieren extra für Kämpfe in Räumen mit wenig Platz. Wenn Sie wissen, wie Sie an unterschiedlichen Orten vorzugehen haben, heben Sie sich von anderen ab und sind gegenüber einem Schläger im Vorteil. Ein Krimineller weiß leider, was funktioniert und was nicht, und hält sich im Allgemeinen an Taktiken, mit denen er erfolgreich ist. Manche Verbrecher konzentrieren sich auf Treppenhäuser, Fahrstühle und dergleichen, um Menschen zu überfallen. In engen Räumen kann der Übeltäter sich gut verbergen, es sind – wenn überhaupt – nur wenige Zeugen anwesend, und der Täter hat gute Fluchtmöglichkeiten, insbesondere in Aufzügen, wo der Angriff in einem Stockwerk beginnt und in einem anderen endet. Die meisten würden denken, dass Schläge mit einem Stock umso effektiver sind, je länger der Stock ist. Sie können damit aber auch sehr gut Schläge auf engem Raum austeilen. Wenn Sie um Ihr Leben fürchten, setzen Sie den Horngriff des Stocks wie einen verlängerten Schlagring ein, um Gegenwehr zu leisten, sodass der Angreifer von Ihnen ablässt.

Aufgabe: Schmettern Sie den Schuft zu Boden.

Ausführung: Umfassen Sie den Stock möglichst nah an der Stelle, wo er sich zu krümmen beginnt, sodass der Horngriff nach vorne zeigt. Heben Sie den Stock und Ihre andere Hand in die Höhe, als wollten Sie zeigen, dass keinerlei Gewalt von Ihnen zu erwarten ist und Sie den Eindruck erwecken, Sie würden sich ergeben. Mit der freien Hand können Sie entweder mit dem Ballen zuschlagen oder den Kopf des Gegners festhalten, damit Ihre Schläge mit dem Stock noch mehr Wirkung zeigen. Schlagen Sie den Täter so oft wie nötig, um dem Angriff ein Ende zu setzen, sodass Sie entkommen und die Polizei verständigen können.

No. 037: DER GRIFF EINES GEHSTOCKS ALS SCHLAGRING

Hilfe und Unterstützung: Angriffe in einem engen Raum können Ihr Sichtfeld einschränken. Behalten Sie stets die Hände Ihres Gegners im Blick, während Sie auf sein Gesicht einschlagen. Er könnte jederzeit eine Waffe ziehen, und es bleibt Ihnen dann nichts anderes übrig, als sich damit auseinanderzusetzen. Bleiben Sie immer in Bewegung. Halten Sie Abstand zu den Wänden und machen Sie einen Schritt nach links oder rechts, denn das kann in einem engen Raum lebensrettend sein.

Anweisung und Kontrolle: Versuchen Sie, den Kopf des Täters in den Griff zu bekommen. Wenn Ihnen das gelingt, haben Sie auch seinen Körper unter Kontrolle. Behalten Sie ihn so lange unter Kontrolle, bis sich ein »Ausweg« (Fluchtweg) bietet oder der Schurke außer Gefecht gesetzt ist. Sie sollten immer laut um Hilfe schreien, um auf sich aufmerksam zu machen, und den Vorfall der Polizei melden, sobald Sie einen sicheren Ort erreicht haben.

038 Mehrere Angreifer mithilfe eines Stocks und der Scheibenwischertaktik ausschalten

Situation: Von mehreren Tätern bedroht zu werden, verdirbt einem den Tag. Tatsächlich aber haben sie sich wahrscheinlich gerade Sie ausgesucht, weil Sie einen Stock mit sich führen und verwundbar erscheinen. Die meisten Kriminellen haben es auf die Schwachen abgesehen und suchen sich wehrlose Opfer. Die Stärksten schauen stets nach der leichtesten Beute, und Verbrecher sind da nicht anders. Ihre Gegner haben jedoch keinen blassen Schimmer davon, dass der Stock eine sehr effektive Verteidigungswaffe ist und seit Jahrhunderten in den Kampfkünsten zum Einsatz kommt. Jemand, der etwas Geschick hat, kann die Spitze des Stocks mit relativ wenig Training bis zu 160 Kilometer pro Stunde durch die Luft hin- und herschwingen. Durch diese Scheibenwischertaktik bewegt sich die Spitze des Stocks mit Höchstgeschwindigkeit, und Ihre Gegner werden es sich zweimal überlegen, ob sie Sie angreifen wollen.

Aufgabe: Schüchtern Sie Ihre Gegner ein oder lassen Sie sie die Folgen spüren. Es liegt an ihnen.

Ausführung: Den Stock wie einen Scheibenwischer hin- und herbewegen zu können, ist der Grobmotorik geschuldet. Dabei richten Sie den Horngriff in die Höhe, und die Stelle, an der der Stock sich krümmt, halten Sie zwischen Fingern und Daumen fest. Schwingt man den Stock nun von der einen zur anderen Seite, kann er Geschwindigkeiten von bis zu 160 Kilometern pro Stunde erreichen. Mit der Stockspitze brechen Sie jeden Knochen, mit dem sich der Angreifer Ihnen in den Weg stellt. Wenn Sie sich auf den Schlag vorbereiten, stecken Sie den Stock unter Ihren starken Arm, sodass der Horngriff nach oben zeigt. Beim Zuschlagen lassen Sie Ihren

No. 038: MEHRERE ANGREIFER MITHILFE EINES STOCKS UND DER SCHEIBENWISCHERTAKTIK AUSSCHALTEN

rechten Arm gestreckt nach außen schnellen und den Stock in einem leichten Bogen zur anderen Seite schwingen. Allein das zischende Geräusch des Stocks, der sich dem Kopf des Angreifer in irrem Tempo nähert, ist angsteinflößend und wird ihm klarmachen, dass Sie kein gefügiges Opfer sind. Wenn es sich um einen rein willkürlichen Angriff handelt, wird der Täter schon bald von Ihnen ablassen und sich anderswo ein unvorbereitetes Opfer suchen.

Hilfe und Unterstützung:

1. Bleiben Sie ganz locker stehen und verteilen Sie Ihr Gewicht gleichmäßig.
2. Wenn Sie beginnen, den Stock wie einen Scheibenwischer hin- und herzuschwingen, halten Sie Ihre andere Hand nahe zur Brust (Solarplexus), sodass Sie notfalls Ihr Herz damit schützen können.
3. Sobald Sie Ihre Schläge ausgeteilt haben, nehmen Sie den Stock in die andere Hand und bereiten sich darauf vor, in umgekehrter Richtung zuzuschlagen.

Anweisung und Kontrolle: Ist der Angreifer oder sind die Täter außer Gefecht gesetzt, begeben Sie sich in Sicherheit und rufen die Polizei.

039 Die Vorspeise für die Weichteile, das Hauptgericht für den Schädel

Situation: Wenn Sie um Ihr Leben fürchten, sollten Sie sich tote Winkel zunutze machen. Ein Angreifer achtet selten darauf, was sich über, unter oder neben ihm befindet, wenn er jemanden attackiert, der ihm verletzlich und wehrlos erscheint. Sein Tunnelblick macht ihn blind für seine Umgebung und eröffnet uns Schwachstellen, die wir ausnutzen können, wenn wir uns in einer lebensbedrohlichen Situation befinden. Je kleiner der Abstand zwischen Ihnen und dem Angreifer wird, desto weniger Stellen sind für ihn einsehbar. Aus dem Gehstock wird schnell ein lebensrettendes Instrument. Letztlich können Sie mit dem Stock Ihren Gegner überraschen, wenn er im Begriff ist, Sie anzugreifen.

Aufgabe: Erst ein Hieb in die Weichteile, dann ein Schlag auf den Schädel.

Ausführung:

1. Halten Sie Ihren Stock mit der Spitze auf dem Boden, und zwar mit umgekehrtem Griff, das bedeutet, das Horn zeigt auf den Angreifer.
2. Ohne Vorwarnung drehen Sie das Handgelenk, mit dem Sie den Stock halten, nach oben, sodass die Spitze die Leistengegend Ihres Gegners trifft.
3. Anschließend führen Sie den Stock sofort in die andere Richtung und schwingen ihn in einem 360-Grad-Bogen nach oben und schlagen von dort auf den Angreifer ein. Ganz gleich, ob der Schlag in die Weichteile sitzt oder nicht: Mit dem zweiten Schlag gehen Sie auf Nummer sicher oder beenden damit den Konflikt, sodass Sie das Weite suchen können.

No. 039: DIE VORSPEISE FÜR DIE WEICHTEILE, DAS HAUPTGERICHT FÜR DEN SCHÄDEL

Hilfe und Unterstützung: Mit Ihrer freien Hand sollten Sie stets auf der Hut und bereit für etwas Unerwartetes sein. Bleiben Sie entspannt und locker stehen und rechnen Sie damit, dass Ihr Gegner sich möglicherweise auf Sie zufallen lässt. Wenn Sie ihm den Schlag in die Weichteile verpasst haben und direkt danach einen kleinen Schritt zurückweichen, haben Sie einen guten Fluchtweg.

Anweisung und Kontrolle: Schreien Sie Ihren Gegner vor und nach dem Angriff an, das lenkt ihn ab und entmutigt ihn. Ein Stockschlag in die Leistengegend, und sein Gehirn wird ihm raten, den Angriff zu beenden und zu fliehen. Das laute Geschrei lässt auch andere Personen in Ihrer Nähe aufmerken und kann dazu führen, dass sie später als Zeugen auftreten, wenn Sie den Vorfall melden.

040 Das Handgelenk des Gegners ergreifen und ihm die Waffe entwenden

Situation: Sich nur mit einem Stock gegen eine Pistole zu verteidigen, ist für jeden eine brenzlige Angelegenheit. Und eine Waffe gegen die Stirn gedrückt zu bekommen, ist alles andere als spaßig, aber man gerät nur sehr selten in solch eine Lage. Da müssen Sie schon einige falsche Entscheidungen in Ihrem Leben getroffen haben oder es muss sonst irgendetwas schiefgelaufen sein, wenn Ihnen jemand eine Pistole an den Kopf hält. Einen Gehstock dabeizuhaben, kann sich jedoch als lebensrettend erweisen. Auch wenn es sich zunächst unsinnig anhört: Mit einer Waffe an der Stirn haben Sie zumindest die Chance, zu kämpfen und zu überleben. Denn stünde der Täter einen guten Meter (oder noch weiter) entfernt von Ihnen, könnte dies Ihr Todesurteil bedeuten. Wäre es sein Plan gewesen, Sie zuallererst zu töten, hätte er das wahrscheinlich längst schon getan. Um Sie jedoch auszurauben oder anzugreifen, muss er sich Ihnen nähern. Ihre Chancen zu überleben (und sogar die Oberhand zu gewinnen), steigen enorm, wenn der Täter bis auf eine Armlänge an Sie herankommt. Wenn Sie der Meinung sind, Sie kämen bei dem Überfall mit dem Leben davon, indem Sie Ihr Geld und Ihre Wertsachen freiwillig herausgeben, sollten Sie das in jedem Fall tun. Sollten Sie jedoch um Ihr Leben fürchten oder glauben, dies sei nur der Auftakt für eine Geiselnahme, kann die richtige Verwendung des Stocks den Unterschied zwischen Leben und Tod ausmachen.

Aufgabe: Schnappen Sie sich die Waffe des Schurken.

No. 040: DAS HANDGELENK DES GEGNERS ERGREIFEN UND IHM DIE WAFFE ENTWENDEN

Ausführung: Bei dieser Technik werden zwei Kampftaktiken kombiniert, um den Gegner zu entwaffnen: das »Schlagen« und das »Entreißen«. Sie geben vor, keine Gewalt anwenden zu wollen, indem Sie beide Hände – in einer Hand befindet sich Ihr Stock – in der Nähe Ihres Kopfes halten, wobei Ihre Handflächen dem Angreifer zugewandt sind. Sie wedeln mit den Händen hin und her, bieten Geld und Schmuck an und flehen um Ihr Leben. Wenn Sie dem Täter auf unterschiedliche Art und Weise glauben machen, Sie seien ein willfähriges Opfer, wird er nicht mehr allzu wachsam sein. Sobald er Ihnen die Pistole an die Stirn setzt und Geld verlangt, werden Sie aktiv. Ihre Hand, die den Stock hält, und Ihre andere Hand gehen wie ein aufeinander abgestimmtes Team gegen die Hand des Bösewichts vor: Der Stock schlägt gegen die innere Seite seines Handgelenks mit der Waffe und zielt auf den Radialnerv. Gleichzeitig packt Ihre andere Hand die Pistole und entreißt sie dem Schuft. Durch die beiden gegenläufigen Bewegungen muss er seinen Griff um die Pistole aufgeben, Sie können ihn entwaffnen und die Pistole in Ihren Besitz bringen. Damit das gelingt, müssen das »Schlagen« und das »Entreißen« fast gleichzeitig erfolgen.

Hilfe und Unterstützung: Der Radialnerv und die Ulna (einer der beiden Unterarmknochen) liegen nah unter der Haut und sind recht empfindlich. Ihr Schlag mit dem Stock gegen das Handgelenk des Räubers wird ihm daher arge Schmerzen bereiten, und wenn Sie ihm zudem die Waffe aus der Hand reißen, nimmt der Schmerz noch zu. Sobald Sie mit der anderen Hand die Waffe fest im Griff haben, drücken Sie den Lauf von Ihrem Kopf weg und verhindern, dass auch nur ein einziger Schuss fällt.

Anweisung und Kontrolle: Die Kontrolle über die Waffe zu behalten, hat stets oberste Priorität. Der Lauf muss unbedingt in eine Richtung zeigen, sodass ein eventueller Schuss keinen Schaden anrichten kann, bis die Waffe in Ihrem Besitz ist. Wenn Sie laut »Pistole! Pistole! Pistole!« schreien, machen Sie auch andere Personen in der Nähe darauf aufmerksam, in Deckung zu gehen.

041 Den Angreifer mit einer »8« einschüchtern

Situation: Für Räuber und andere Verbrecher ist ein Gehstock manchmal ein Zeichen von Schwäche und Verwundbarkeit. Mit etwas Training kann der Stock jedoch ein extrem wirkungsvolles Verteidigungsinstrument gegen die meisten anderen Waffen sein. Wenn Sie angegriffen werden und Ihren Stock in der Hand haben, können Sie mit ihm Schläge verteilen, als wollten Sie mit ihm eine liegende, imaginäre »8« in die Luft schreiben und setzen den Angreifer außer Gefecht, bevor er überhaupt weiß, wie ihm geschieht. Joe Robaina setzt seinen Stock ein, um die klassische »8« anschaulich zu demonstrieren. In seiner Hand bewegt sich der Stock wie von Zauberhand in eleganten und kraftvollen Bögen. Allein der Anblick dieser Bewegung dürfte die meisten Angreifer dazu bringen, den Mut zu verlieren und das Weite zu suchen. Die Bösewichte haben wohl selten erlebt, wie man sich mit einem Gehstock verteidigen kann. Daher haben sie auch schnell kapiert, dass sie an die falsche Person geraten sind. Die Figur der »8« wird schon seit Jahrhunderten als Kampftechnik mit Schwertern, Stäben und anderen Handwaffen eingesetzt. Leider ist es nicht erlaubt, eine dieser Waffen ständig bei sich zu tragen. Der Stock dient jedoch in erster Linie als Gehhilfe, und den dürfen Sie jederzeit mit sich führen. Die in die Luft geschlagene »8« stellt für einen Angreifer eine unbekannte Bedrohung dar, und nur die Person, die den Stock führt, weiß, wann sie einen weiteren Schlag austeilen wird. Indem Sie mit dem Stock derart durch die Luft fahren, erzeugen Sie zwischen sich selbst und dem Feind eine Pufferzone. Wenn der Stock erst einmal richtig »tanzt«, wird kein Übeltäter in diesen Hagel von Schlägen laufen, ohne den Preis für seine Dummheit zu bezahlen. Manchmal sind die einfachsten Bewegungen die effektivsten und können Ihnen das Leben retten.

Aufgabe: Überwältigen Sie Ihren Feind.

No. 041: DEN ANGREIFER MIT EINER »8« EINSCHÜCHTERN

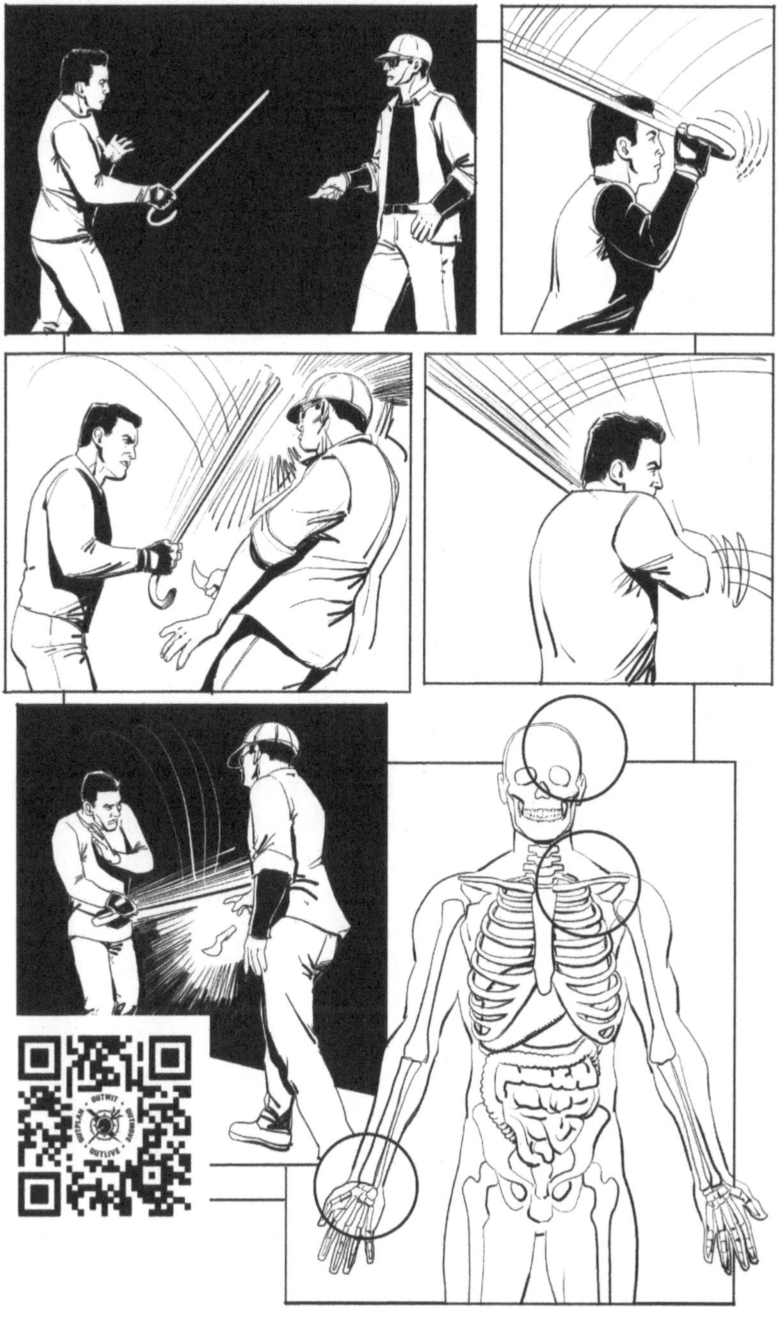

Ausführung: Am einfachsten ist es, dies zunächst ohne Stock zu üben, vor allem, wenn man gerade dabei ist, es zu erlernen. Strecken Sie den Arm auf Augenhöhe vor sich aus, die Handfläche zeigt nach unten, die Knöchel sind oben und die Finger gekrümmt. Heben Sie den Arm auf Kopfhöhe, drehen Sie bei gestrecktem Arm die Fingerknöchel und lassen Sie den Arm nach unten und knapp über der Hüfte quer über den Körper fallen. Danach heben Sie den gestreckten Arm wieder quer über den Körper auf Augenhöhe. Bringen Sie den Arm wieder in die Ausgangsposition zurück, um die »8« zu komplettieren. Üben Sie diese Bewegung und »schlagen« Sie an den entsprechenden Stellen kreisförmig zu, sodass Sie eine auf der Seite liegende »8« schlagen. Sobald Sie den Bewegungsablauf beherrschen, können Sie es mit dem Stock in der Hand ausprobieren. Halten Sie den Ellbogen an die Rippen gepresst, der Griff zeigt nach außen, und umfassen Sie den Stock mittig und nicht allzu fest in der Krümmung. Ganz gleich, ob Sie Rechts- oder Linkshänder sind, der Griff zeigt stets in Richtung der schwächeren Seite. Mit der anderen Hand schützen Sie Ihre Brust.

Hilfe und Unterstützung: Wenn Sie sich etwas von links nach rechts oder von vorne nach hinten bewegen, können Sie aus Ihrer Körpermitte heraus mehr Kraft erzeugen, während Sie mit Ihrem Stock eine »8« nach der anderen schlagen. Wichtig ist, den Bewegungsablauf zu trainieren und die Beinarbeit entsprechend zu integrieren. Sobald Sie die »8« schlagen, wird Ihr Körper zu einem Kreisel, und die Bewegungen Ihrer Füße müssen mit denen des Stocks übereinstimmen. Es bedarf etwas Übung, um die »8« zu erlernen und zu verfeinern, aber mit der Zeit wird sie zu einer Ihrer effektivsten Schlagtaktiken mit dem Stock. Denken Sie daran: Wenn Sie im Ernstfall in Bewegung bleiben, macht Sie das unberechenbar. Geben Sie nie ein statisches Ziel ab. Eine Stockspitze, die sich in einem irren Tempo bewegt, ist für jeden Angreifer alles andere als cool.

Anweisung und Kontrolle: Den Angreifer zusätzlich anzuschreien, während Sie mit dem Stock unaufhörlich eine »8« schlagen, schüchtert ihn ein und stärkt Ihren Willen weiterzukämpfen. Durch Ihre Schreie ziehen Sie auch die Aufmerksamkeit anderer auf sich, sodass es hoffentlich gar nicht erst zu einem Kampf kommt.

DER HARTE KERL

HALLIDAY, BRIAN

Codename: Outlaw
Grundlegende Skills: Thai-Kickboxer
Weiterführende Skills: Illegale Taktiken, improvisierte Waffen

Hintergrund: Viele von Brians mehr als 200 gewalttätigen, ernsthaften Auseinandersetzungen fanden nach seiner Zeit bei der Navy statt, sowohl vor als auch während seiner Zeit als Sergeant-at-Arms bei einer der größten 1-Prozent-Motorradgangs in Amerika. Er hat die ganze Welt bereist und überall trainiert, vor allem in Thailand, wo er sich im Muay Thai, einer Vollkontaktkampfsportart, übte. Brian ist der Gründer von Proactive Self Reliance und nutzt seine Erfahrungen mit scharfen Waffen, Schusswaffen, Urban Survival und Kampfsport, um ganz gewöhnlichen Menschen zu zeigen, wie sie sich im Ernstfall zuallererst selbst helfen können. Brian betont immer wieder, dass es die mentale Einstellung, das Situationsbewusstsein und die Courage sind, über die sich jeder im Klaren sein muss, bevor das Training beginnen kann. Im Grunde genommen kommt die Software vor der Hardware. Das Fachwissen, die einschlägigen Übungen und die Wiederholung des Ganzen können gelehrt werden, und jeder, der diese nötigen Eigenschaften mit sich bringt, kann sein Selbstvertrauen aufbauen.

DER FEIND

JOAQUÍN ARCHIVALDO GUZMÁN

Codename: El Chapo

Hintergrund: Guzmán leitete Operationen, bei denen große Mengen an Kokain, Methamphetamin, Marihuana und Heroin produziert und dann in die USA und nach Europa – die beiden Regionen mit dem weltweit höchsten Konsum – geschmuggelt und verkauft wurden. Verteilerzellen und lange Tunnel in Grenznähe ermöglichten es ihm, mehr Drogen in die USA zu exportieren als jeder andere Drogenhändler in der Geschichte. Guzmáns Führung seines Kartells verschaffte ihm immensen Reichtum und Macht; *Forbes* stufte ihn zwischen 2009 und 2013 als einen der mächtigsten Menschen der Welt ein, während die amerikanische Drogenbehörde DEA schätzte, dass sein Einfluss und sein Reichtum dem von Pablo Escobar gleichkamen.

042 Vorsicht auf dem WC!

Situation: Ein Hinterhalt ist eine altbewährte militärische Taktik, bei der eine Truppe sich das Verstecken, das schnelle Vorgehen und das Überraschungsmoment zunutze macht, um einen unvorsichtigen Gegner anzugreifen. Derartige Hinterhalte sind seit Jahrhunderten eine beliebte Strategie, von der Urzeit bis zur modernen Kriegsführung, und heute sind sie überall auf der Welt gang und gäbe. Hinterhalte sind mitunter komplizierte Operationen in mehreren Phasen, die viel Planung und Übung erfordern. Oder man übt sich einfach nur in Geduld und wartet so lange, bis jemand ausreichend abgelenkt ist, um sich überrumpeln zu lassen. Verbrecher machen sich die Räumlichkeiten von Bars und Kneipen zunutze, um jemanden hinterrücks zu überfallen. Die entscheidende Gemeinsamkeit zwischen einem militärischen und einem verbrecherischen Hinterhalt ist die Planung, wo der Tatort sein soll.

Aufgabe: Nutzen Sie auf dem WC stets eine Kabine.

Ausführung: Verbrecher setzen manchmal »Muttis« oder attraktive Frauen mit einer guten Figur als Lockvögel für ihre üblen Taten ein. Heuchelt eine aufreizende Frau Interesse an einem Mann und lädt ihn auf den ein oder anderen Drink ein, hat der Typ bereits verloren. Ihr Ziel ist einfach: ihn zum Trinken zu animieren, damit er früher oder später das WC aufsuchen muss, um sich zu erleichtern. Aber die Toilette wird dann zu seinem Verhängnis. Jetzt kommt es auf das Timing an, denn ein oder zwei Gehilfen des Schurken werden ihr Opfer bereits in den Kabinen auf dem stillen Örtchen erwarten, und ein weiterer folgt ihm einige Sekunden später nach, sodass der nichtsahnende Kerl Zeit hat, sich mit entblößtem Penis vor das Urinal zu stellen. Und dann erfolgt der Angriff.

No. 042: VORSICHT AUF DEM WC!

Hilfe und Unterstützung: Egal ob Sie sich in einem Restaurant, einer Kneipe, einem Supermarkt oder sonst wo an Orten des öffentlichen Lebens befinden: Achten Sie stets auf bestimmte Stellen oder Ecken, in denen Sie hinterhältig überfallen werden könnten, und meiden Sie diese.

Anweisung und Kontrolle: Wann immer Sie eine öffentliche Toilette aufsuchen, unabhängig von der Anzahl der Kabinen oder Urinale, schließen Sie die Tür hinter sich ab. Nehmen Sie den Raum so lange in Beschlag, wie Sie ihn benötigen, und scheren Sie sich nicht um die anderen, die draußen warten.

043 Kreative Waffen für den Alltag

Situation: Wenn es eine Gruppe gibt, die weiß, was man hinsichtlich der Anfertigung und Verwendung von Waffen zu tun hat, dann sind es Motorradgangs. Diese Bruderschaften werden oft als Kriminelle abgestempelt. Die Wahrheit ist, dass es unter ihnen einige schwarze Schafe gibt, die Böses im Sinn haben und im Gefängnis landen. Je nachdem, was sie verbrochen haben, kann in den USA der Bundesstaat, in dem sie leben, bestimmen, ob sie später Waffen wie Messer und Pistolen besitzen dürfen. Sollte es ihnen nicht gestattet sein, werden sie zwangsläufig kreativ und bauen sich entweder improvisierte Waffen oder benutzen andere handelsübliche Werkzeuge für ihre Taten.

Aufgabe: Vorsicht! Auch ein alltäglicher Gegenstand kann als Waffe dienen.

Ausführung: Knüppel und Schläger sind gut geeignet, wenn man aus dem Hinterhalt überfallen wird. Natürlich können Sie auch Gebrauch von einem Schlagstock machen, wenn Sie sich mit jemandem messen, der Ihnen Auge in Auge gegenübersteht. Doch sie sind besser geeignet, um Bösewichte in die Flucht zu scheuchen, die nicht damit rechnen, dass Sie einen Knüppel mit sich führen. Ein oder zwei Schläge reichen aus, um mit lederbezogenen Schlägern jemanden k. o. zu schlagen. Ein zusammengerolltes Taschentuch, das zwischen dem Bügel und dem Körper eines Vorhängeschlosses gezogen wird, richtet, wenn richtig eingesetzt, erstaunlichen Schaden an. Ebenso kann ein großer Schraubenschlüssel einen Kampf sehr schnell beenden.

No. 043: KREATIVE WAFFEN FÜR DEN ALLTAG

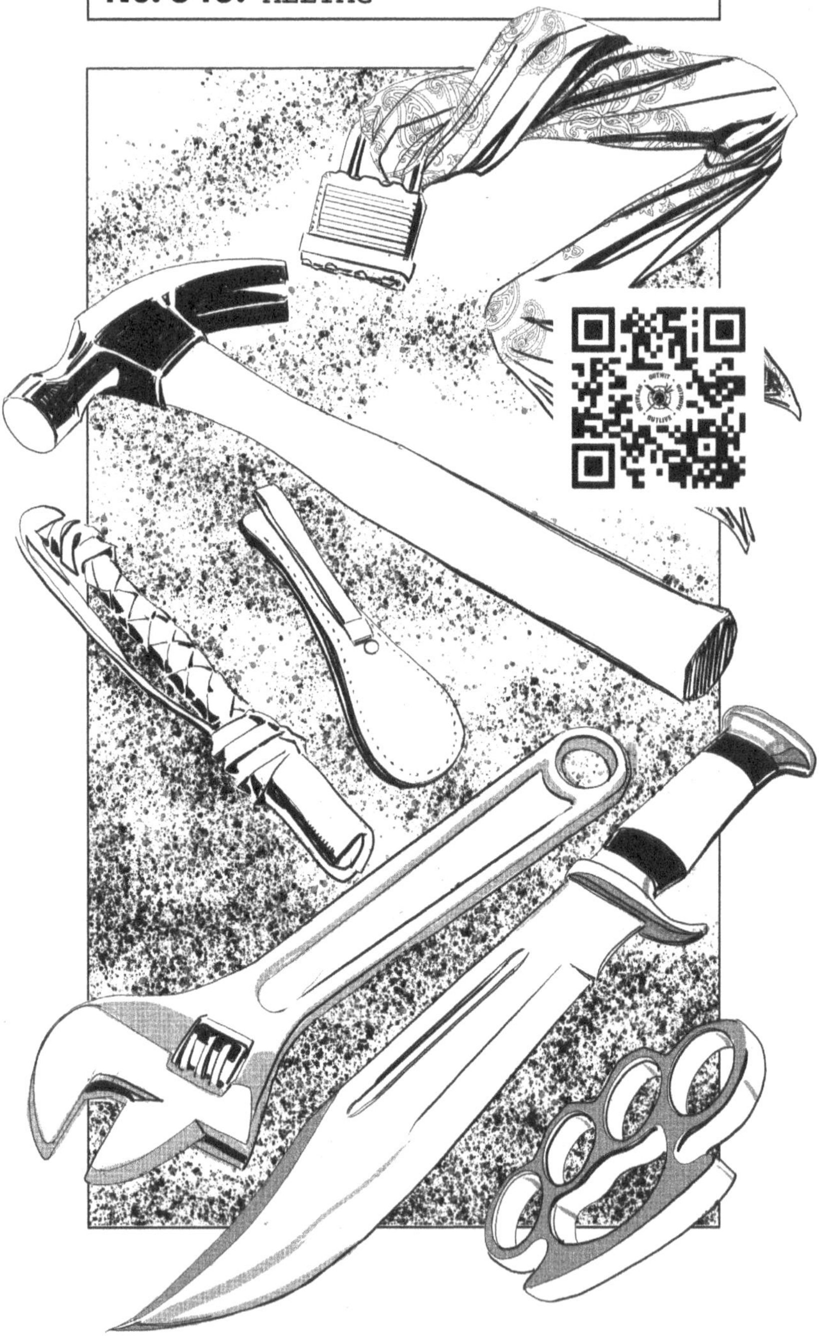

Hilfe und Unterstützung: Alles, was genügend Masse hat, kann als Knüppel genutzt werden: Keulen, Baseballschläger, Bleirohre und sogar alte Streitkolben. Die meisten dieser Waffen sind frei erhältlich, aber ihre Legalität variiert von Land zu Land. (Bitte denken Sie daran, dass Sie in Deutschland einen Schlagstock zwar erwerben und besitzen, ihn aber nicht mitführen dürfen.) In den meisten Landesrechten ist genau angegeben, welche Waffen man nicht besitzen darf, während die Gesetze für improvisierte Waffen etwas undurchsichtiger sind und eine subjektive Beurteilung des Vorsatzes erfordern. So ist es zum Beispiel in allen US-amerikanischen Staaten legal, einen kleinen Tisch mit vier Beinen auf der Straße zu tragen. Bricht man jedoch eines der Tischbeine ab und trägt es separat mit sich, wird es zu einer Keule. Auch ein Baseballschläger auf dem Rücksitz Ihres Autos wird als Waffe betrachtet, wenn Sie von der Polizei in einem Auto voller Biker angehalten werden. Dagegen wird der gleiche Schläger, wenn er zusammen mit einem Handschuh und einem Ball auf dem Beifahrersitz liegt, nicht weiter beachtet, wenn Ihre Schwiegermutter auf dem Weg zu einem Baseballspiel wegen überhöhter Geschwindigkeit angehalten wird.

Anweisung und Kontrolle: Unterschätzen Sie niemals handgeführte, nichtkinetische Waffen oder solche, die nicht scharfkantig sind. Achten Sie insbesondere auf Alltagsgegenstände, die jemand, der emotional aufgewühlt und zornig ist, ergreifen und gegen Sie wenden könnte. Halten Sie größeren Abstand zu einer solchen Person, dadurch erhöht sich Ihre Überlebenschance.

044 Improvisierte und umgebungsbedingte Waffen ausfindig machen

Situation: Situationsbewusstsein ist wichtig, nicht nur für die eigene Sicherheit, sondern auch, um verwertbare Informationen sammeln zu können. Sich seiner Umgebung bewusst zu sein und potenzielle Bedrohungen und gefährliche Situationen zu erkennen, bedarf etwas Mühe, ist aber notwendig, wenn man sich als mögliches Opfer sieht. Räuber hingegen checken ihre Umgebung ganz anders, ihnen geht es hauptsächlich darum, wie sie dort agieren und reagieren können. Das bedeutet, sie müssen Fluchtwege ausfindig machen und sich vergewissern, ob rivalisierende Gangs oder Gesetzeshüter in der Nähe sind. Noch wichtiger ist, dass sie ihre Umgebung hinsichtlich ihrer materiellen Beschaffenheit inspizieren, mit anderen Worten: Welche Gegenstände ließen sich eventuell einsetzen, um noch härter zuschlagen zu können? Sie checken die Gegend nicht, weil sie vielleicht zum Opfer eines Überfalls werden könnten; genau das Gegenteil ist der Fall.

Aufgabe: Denken Sie wie ein Räuber, nicht wie ein Opfer.

Ausführung: Betrachten Sie Ihre Umgebung aus der Sicht eines Bösewichts. Einige Aspekte, die man überall berücksichtigen sollte, sind die folgenden:

- Zu den Gegenständen und Beschaffenheiten einer bestimmten Gegend gehören Materialien, gegen die man den Kopf oder die Rippen stoßen kann, etwa Alu-Türrahmen, Türen, Thekenplatten und deren Ecken, Tischplatten und -ecken, Wandecken, Wände, Mauern, Urinale, Waschbecken, Armaturen und andere Einbauten, die zu größeren Verletzungen durch rohe Gewalt führen. All das sind sogenannte »umgebungsbedingte Waffen«.

No. 044: IMPROVISIERTE UND UMGEBUNGS-BEDINGTE WAFFEN AUSFINDIG MACHEN

- Unter improvisierten Waffen versteht man Schlagwaffen, die man gegen einen Gegner einsetzen kann. Dazu gehören unter anderem Salz- und Pfefferstreuer, Glasflaschen, Gabeln, Messer, Löffel, Stühle und alle anderen beweglichen Gegenstände, die sich in unmittelbarer Reichweite befinden.
- Als Ablenkungsutensilien werden alle Dinge bezeichnet, die den Gegner kurzzeitig irritieren, damit Sie die Oberhand gewinnen. Dazu gehören unter anderem Stühle, Gläser, heißer Kaffee, Spucke und alle anderen Dinge, die den Feind überraschen können.

Hilfe und Unterstützung: Umgebungsbedingte und improvisierte Waffen sowie Ablenkungsutensilien können in Kombination mit Ihren Waffen eingesetzt werden, die Sie verdeckt bei sich tragen und eventuell als zusätzliches Hilfsmittel dienen. Oftmals haben sie nicht sofort den Tod des Angreifers zur Folge.

Anweisung und Kontrolle: Wenn Sie Ihre Umgebung wie ein Verbrecher genau auskundschaften, gewinnen Sie die Oberhand und können den Täter in das Opfer verwandeln.

JOHNSON, JASON

DER HARTE KERL

Codename: Flay
Grundlegende Skills: Profi-Messerwerfer
Weiterführende Skills: Kampfausbilder für den Nahkampfbereich

Hintergrund: Als professioneller amerikanischer Messerwerfer, Berater für die technische Konzeption und das Design von Messern und Kampfausbilder ist Jason Johnson eine Autorität, wenn es um Waffen mit scharfer Klinge geht. Jason, der eher aus Zufall in den sozialen Netzwerken zu einer Sensation geworden ist, ist vor allem für seine unkonventionellen, aber sehr effektiven Wurfmethoden mit Kampfmessern bekannt geworden.

Der aus Omaha, Nebraska, stammende Meister im Messerwerfen lebt sein Leben im Gleichgewicht zwischen seinem kampftechnischen Können und seiner Weltanschauung. Jason setzt sich gründlich mit der Geschichte der Kampfkünste, den entsprechenden Lebensweisen und Kampfmethoden auseinander, und er ist ein Unikum: ein amerikanisches Original, das etliche alte Traditionen mit dreistem Stolz vereint.

Jason, der in der Serie *Forged in Fire – Messerscharf* zu sehen war, hat sich in kürzester Zeit das Lob und den Respekt von Kollegen und Zeitgenossen gleichermaßen verdient, und er bekommt Anfragen für Seminare und Kurse weltweit.

JEFFREY EPSTEIN

DER FEIND

Hintergrund: Jeffrey Epstein war ein in New York ansässiger Finanzier mit hochkarätigen Verbindungen zu den Superreichen und Mächtigen der Welt. Epstein wurde beschuldigt, viele minderjährige Mädchen sexuell missbraucht zu haben. 2008 wurde er schließlich wegen der Aufforderung zur Prostitution einer Minderjährigen in Florida verhaftet und angeklagt und als Sexualstraftäter registriert. Von seiner 18-monatigen Haftstrafe hat er nur 13 Monate abgesessen. Im Juli 2019 wurde Epstein erneut verhaftet, diesmal unter dem Vorwurf des Sexhandels mit Minderjährigen. Während er auf seinen Prozess wartete, wurde er am 10. August 2019 tot in seiner Gefängniszelle aufgefunden.

045 Wie man das Messer richtig zieht

Situation: Der beste Weg, einen Messerkampf zu gewinnen, ist, ihn um jeden Preis zu vermeiden. Die zweite Möglichkeit ist, die entgegengesetzte Richtung einzuschlagen und das Weite zu suchen, als ob Ihr Leben davon abhinge. Dritte Möglichkeit: Erschießen Sie den Angreifer, bevor er zusticht. Wenn Sie in die Enge getrieben wurden und zufällig ein Wurfmesser bei sich haben – ziehen und werfen Sie es. So halten Sie sich Ihren Gegner sicher vom Leib, während ihm ein Stück Metall im Hals steckt. Sollte Sie nicht an Ihr Messer herankommen, sind Sie dem Untergang geweiht. Die Art und Weise, wie Sie das Messer ziehen, kann über Leben und Tod entscheiden. Wenn Sie es richtig machen, verschafft Ihnen das Ziehen des Messers – falls Sie wie aus heiterem Himmel angegriffen wurden – Zeit. Üben Sie das Messerziehen regelmäßig, um sehr geschickt darin zu werden.

Aufgabe: Ziehen Sie Ihr Messer schnell hervor.

Ausführung: Bevor Sie mit dem Messerwerfen beginnen, sollten Sie zunächst lernen, wie man es richtig zieht. Das Ziehen eines Messers sollte in mehrere Phasen unterteilt werden. Nehmen Sie als Erstes Ihre kampfbereite Haltung ein, ganz gleich, ob Sie Ihre Hände erheben, um zur Täuschung Gewaltlosigkeit zu signalisieren, oder Ihre Arme locker verschränken – aus diesen Positionen heraus ziehen Sie Ihr Messer. Als Nächstes lernen Sie, Ihr Kleidungsstück beiseitezuschieben, um den Messergriff sicher fassen zu können. Sobald Sie den Griff sicher beherrschen, üben Sie, wie Sie Ihr Messer aus der Scheide ziehen und auf das Ziel werfen. Vor einem Spiegel zu üben ist immer eine gute Idee, und Sie können sich selbst korrigieren, wenn es mit dem Ziehen des Messers nicht so funktioniert, wie es sein sollte. Natürlich sollten Sie Ihr Messer nicht gegen den Spiegel werfen. Verfeinern und üben Sie jeden Schritt des Ziehens, bevor Sie die einzelnen

No. 045: WIE MAN DAS MESSER RICHTIG ZIEHT

Schritte miteinander verbinden. Sobald Ihre Technik perfektioniert ist und sich in Ihr Muskelgedächtnis eingeprägt hat, entwickeln Sie durch das andauernde Wiederholen auch das richtige Tempo beim Ziehen des Messers.

Hilfe und Unterstützung: Das Üben mit einer scharfkantigen Waffe kann zu Verletzungen führen, sogar noch häufiger als mit einer Pistole. Verwenden Sie, wenn Sie das Ziehen des Messers üben, am besten ein Trainingsmesser aus Gummi oder Kunststoff, bis Sie sowohl mit dem Messer als auch mit der Scheide ausreichend vertraut sind.

Anweisung und Kontrolle: Sobald Sie das Ziehen des Messers beherrschen, denken Sie über Szenarien nach, in denen Sie Ihr Messer ziehen müssen, während Sie sich mit einem Angreifer verheddert haben. Oder wenn jemand Sie von der Seite angeht – wie kommen Sie dann an Ihr Messer? Lassen Sie sich immer wieder verschiedene Situationen durch den Kopf gehen und üben Sie, wie Sie darauf reagieren würden.

046 Zupacken wie ein Messerwerfer

Situation: Das genaue Werfen und das effektive Werfen eines Messers sind zwei unterschiedliche Skills. Ein Messer werfen zu können, ganz gleich, welcher Teil des Messers das Ziel trifft, ist Genauigkeit. Das Geschick, ein Messer genau zu werfen und das Ziel mit der Spitze zu treffen, ist ein effektiver Wurf. Damit das Messer mit der Spitze trifft, muss man die Physik verstehen, die hinter der Drehung des Messers steht, während es durch die Luft fliegt. Ihr Griff und der Abstand zum Ziel steuern den Drall und erhöhen die Effektivität des Wurfs.

Aufgabe: Wählen Sie, je nach Entfernung zum Ziel, den richtigen Griff.

Ausführung: Es gibt zwei Dinge hinsichtlich Ihres Griffs, die je nach Entfernung zum Ziel angepasst werden müssen: die Position des Daumens und die Art und Weise, wie Sie das Messer umfassen. Der Daumen liegt entweder gestreckt auf der stumpfen Seite der Klinge, was als »Daumen oben auf« bekannt ist, oder »eingerollt«, wie bei einem Hammergriff. Die Griffposition ist entweder näher an der Klinge (»Vollgriff«) oder näher am Knauf (»Halbgriff«). Wie Sie nun Ihren Griff hinsichtlich dieser beiden Aspekte anpassen, ist entscheidend, denn es wirkt sich auf die Effektivität Ihres Wurfs aus.

No. 046: ZUPACKEN WIE EIN MESSERWERFER

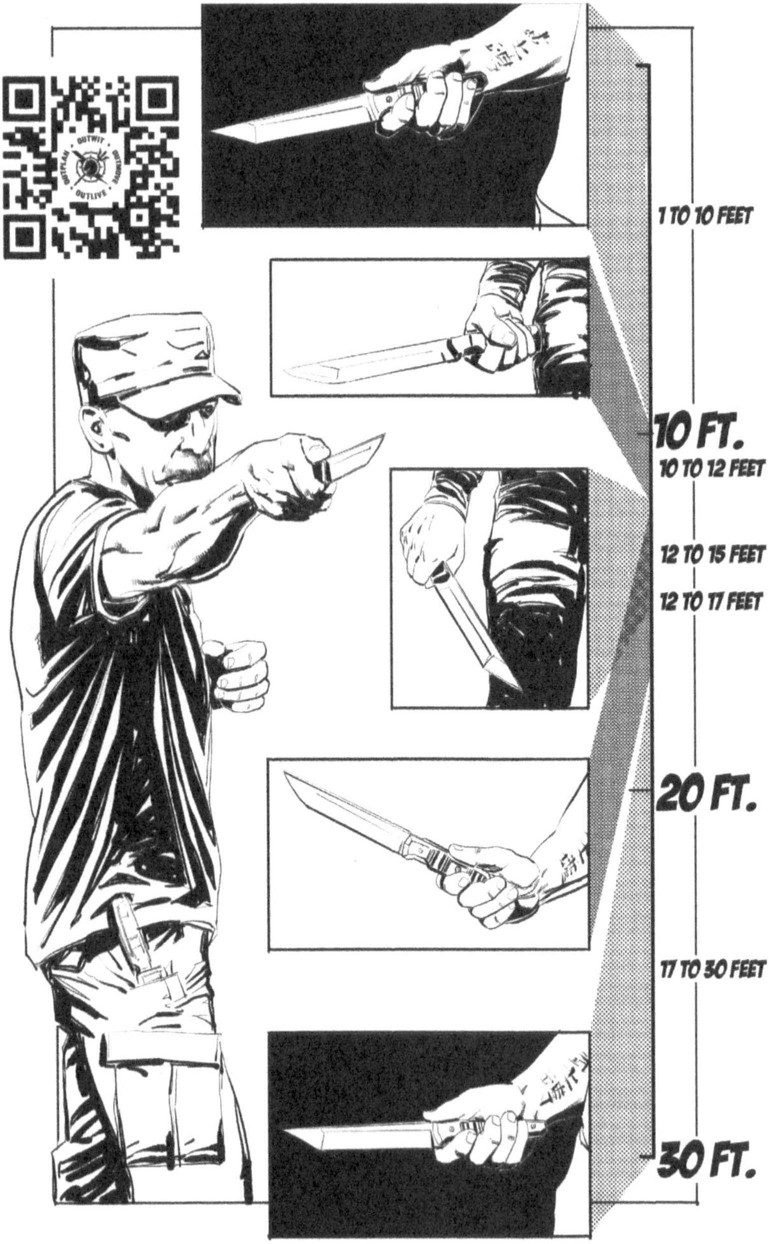

Hilfe und Unterstützung: Für das Training werden Ziele benötigt. Scheiben aus Kiefern-, Palmen-, Fichten- und Pappelstämmen sind Weichhölzer, die sich gut als Zielscheiben für scharfkantige Waffen eignen; Zielscheiben für das Bogenschießen aus synthetisch gewebtem Schaumstoff tun es auch. Beginnen Sie zunächst mit kürzeren Abständen zur Zielscheibe und gehen Sie dann immer etwas weiter zurück, sobald Sie sicherer im Werfen geworden sind. Wenn Sie mit den verschiedenen Grifftechniken auf unterschiedlichen Entfernungen vertraut sind, werden Sie ein besserer Werfer, der mehr nach »Instinkt« wirft.

Anweisung und Kontrolle: Beim Werfen mit spitzen Gegenständen müssen Sie auf Ihre Umgebung achten: was sich vor und hinter Ihnen befindet und an welchen Stellen das Messer abprallen könnte. Denn das macht Messer gefährlich, weil dann ihr Flug und ihre Richtung unvorhersehbar sind.

047 Der Abstand bestimmt den Griff

Situation: Wurfwaffen waren in der Antike und sind auch heute noch ein wichtiger Teil des Kampfgetümmels. Stehen keine Schusswaffen zur Verfügung, wird sofort zu Gegenständen gegriffen, die man werfen kann. Alle Wurfwaffen haben dieselben gemeinsamen Nenner, die ihre Wirksamkeit bestimmen: das Geschick des Werfers, die Entfernung zum Ziel und die Genauigkeit. Um ein Messer effektiv zu werfen, muss man diese drei gemeinsamen Nenner verstehen.

Aufgabe: Ziehen, werfen und los!

Ausführung: Ihre Entfernung zum Ziel bestimmt Ihren Griff, der wiederum verantwortlich dafür ist, mit welchem Drall das Messer durch die Luft fliegt. Mit diesem bestimmten Drall gewährleisten Sie, dass die Messerspitze in das Ziel eindringt. Wenn Sie höchstens 3 Meter vom Ziel entfernt sind, sollten Sie den »Vollgriff mit Daumen oben auf« nutzen. Dieser wird auch als »Wurf ohne Drehung« bezeichnet. Zwischen 3 und 4,5 Metern Abstand verwenden Sie einen »halben Hammergriff«. Zwischen 4,5 und 6 Metern nutzen Sie den »halben Hammergriff mit Daumen oben auf«. Zwischen 6 und 9 Metern verwenden Sie den »Vollgriff mit Daumen oben auf«.

Hilfe und Unterstützung: Die oben genannten Entfernungen sind nur ungefähre Angaben und am Boden nicht genau markiert. Jeder Werfer muss je nach Größe, Kraft und Technik ein Gefühl für die Griffe und Entfernungen entwickeln.

Anweisung und Kontrolle: Achten Sie auf Ihre Körpermechanik, insbesondere vor und nach dem Wurf, aber auch während des Werfens. Mit Ihren Beinen sollten Sie sich stets in jede Richtung bewegen können, je nach den Aktionen und Reaktionen des Gegners.

No. 047: DER ABSTAND BESTIMMT DEN GRIFF

048 Die richtige Technik des Messerwerfens

Situation: Das Werfen von Messern wurde im Lauf der Jahrhunderte als Kunst, Sport, Kampfkunst und sogar zur Unterhaltung eingesetzt. Es wurde zunächst für die Jagd und später in den Kampfkünsten genutzt und in die Kampfdisziplinen der Japaner, der Afrikaner und der amerikanischen indigenen Bevölkerung integriert. In Zentralafrika wurden Messer als Kriegswaffen (waagerecht geworfen) und für zeremonielle Zwecke verwendet. Das Werfen einer Waffe im Kampf gilt im Allgemeinen als ein gefährliches Unterfangen. Misslingt der Wurf, steht der Werfer mitunter ohne Waffe da, wohingegen sich der Angreifer nun mit dem Messer bewaffnen kann. Viele Krieger trugen jedoch traditionell gleichzeitig zwei oder mehrere Waffen mit sich.

Aufgabe: Denken Sie daran – es ist nie die Schuld des Messers.

Ausführung: In der Selbstverteidigung und im Kampf bewegt man den Arm, nachdem man das Messer geworfen hat, weiterhin nach unten, man zieht den Arm also ganz durch, ähnlich wie beim Einzelschlag in den Kali-Übungen, oder anders ausgedrückt: Sie bewegen Ihren Arm so, als wollten Sie etwas von oben nach unten in einer ausholenden Bewegung durchschneiden. Ein Einzelschlag ist vergleichbar mit dem Werfen eines Baseballs, ohne dabei kurz vor dem Wurf ein Bein anzuheben, um sich in Stellung zu bringen. Mit dem richtigen Griff, dem leicht gebeugten und über den Kopf gestreckten Arm werfen Sie das Messer, wobei das Handgelenk gestreckt bleibt. Lassen Sie das Messer in dem Moment los, in dem es sich auf Höhe Ihrer Augen befindet, dadurch löst es sich perfekt aus Ihrer Hand, denn hier sorgen das Gewicht des Messers und sein Scheitelpunkt für einen nahtlosen Abgang. Anders als beim Werfen eines Baseballs machen Sie mit dem Bein, das sich auf derselben Seite befindet wie Ihr Wurfarm, einen Schritt nach vorne.

No. 048: DIE RICHTIGE TECHNIK DES MESSERWERFENS

Hilfe und Unterstützung: Das Training für den Messerwurf direkt aus der Scheide sollte in mehrere Abschnitte unterteilt und zunächst allein geübt werden. Sobald Sie die Technik der einzelnen Phasen verinnerlicht haben, können Sie alles miteinander verbinden. Wurfmesser sind in Messerläden und online erhältlich, doch ihre Qualität kann stark variieren. Jason stellt hochwertige Wurfmesser her, die mit Kydexscheiden geliefert werden und für diese Art der Nutzung geeignet sind.

Anweisung und Kontrolle: Überlegen Sie sich einen Fluchtplan, bevor Sie wirklich mit dem Messer werfen müssen. Sobald Sie geworfen haben, verlassen Sie die Gefahrenzone. Am besten Sie entfernen sich und gehen in Deckung, um über Ihren nächsten Schritt nachzudenken.

GRAHAM, RICH

DER HARTE KERL

Codename: Rogue
Grundlegende Skills: Hauptausbilder bei den Full Spectrum Warriors
Weiterführende Skills: Nauka-Kampftrainer, Hauptvertreter der USA

Hintergrund: Richard Graham III. ist ein Navy SEAL-Veteran und Gründer von Full Spectrum Warrior. Er bietet Waffentraining und Taktiken für Strafverfolgungsbehörden und zivile Schützen in Nord- und Südamerika an. Rich hat viele Kampfsportarten und -methoden erlernt und ist einer der führenden Trainer für den Nauka-Kampfstil. Rich war jahrelang als Personal Trainer tätig und hat mehrere Programme entwickelt, darunter das Combat Mobility System und das Navy SEAL Kettlebells. Rich liebt Abenteuer und Herausforderungen, und aus diesem Geist heraus hat er gemeinsam mit seinen Teamkollegen über 1 Million Dollar für wohltätige Zwecke gesammelt, indem er zum Beispiel mehr als 3000 Meilen von San Diego, Kalifornien, nach Virginia Beach, Virginia, geradelt ist. Rich ist derzeit Präsident des Home Front K9 Project, einer gemeinnützigen Organisation, die Familien von Spezialeinheiten Diensthunde zur Verfügung stellt.

KIM JONG-UN

DER FEIND

Hintergrund: Kims Führungsstil folgt demselben Personenkult, den bereits sein Großvater und sein Vater an den Tag legten. Im Jahr 2014 wies ein Bericht der UN-Menschenrechtskommission darauf hin, dass Kim wegen Verbrechen gegen die Menschlichkeit vor Gericht gestellt werden könnte. Er hat mehrere nordkoreanische Beamte hinrichten lassen; außerdem wird vermutet, dass er 2017 die Ermordung seines Halbbruders Kim Jong-nam in Malaysia angeordnet hat. Kim baute das nordkoreanische Atomprogramm aus, was die Spannungen während der Nordkoreakrise 2017 bis 2018 verschärfte.

049 Richs Alltagsausrüstung

Um zu überleben, muss man sich anpassen. Bei vielen der in diesem Buch vorgestellten Kamptechniken geht es darum, um das eigene Leben zu kämpfen und in letzter Minute irgendeinen Gegenstand als behelfsmäßige Waffe einzusetzen. Eine überschaubare, gut gewählte Ausrüstung kann jedoch sehr hilfreich sein. Jeder muss sein persönliches Alltagsequipment an die Umgebung und seine Gewohnheiten anpassen. Ob Sie Ihre vorhandene Ausrüstung optimieren oder von Grund auf neu zusammenstellen wollen: Es sollten auf jeden Fall ein paar leichte Dinge dabei sein. Hier ist Richs alltägliche Grundausstattung. (Nochmals zur Erinnerung: In Deutschland ist das Tragen scharfer Schusswaffen gesetzlich verboten. Gleiches gilt für Messer, hier ist deren Funktionsweise und Klingenlänge entscheidend.)

1. Monster Energy Drink
2. Sig Sauer P365
3. Zusatzmagazin
4. Brous-Klappmesser
5. Bargeld und Kreditkarten
6. Schlüssel für Fluchtfahrzeug

No. 049: RICHS ALLTAGSAUSRÜSTUNG

050 Wie man ein Messer richtig hält

Situation: Sie wollen nie, dass Ihnen im Kampf Ihre Waffe abgenommen und gegen Sie verwendet wird. Genau das erleben jedoch oft unerfahrene Opfer, die nie gelernt haben, sich dagegen zu wehren oder so zu agieren, dass die Waffe in ihren Händen bleibt. Es kommt hier vor allem darauf an, wie man die Waffe hält, denn ein falscher Griff kann sich als ein großer Fehler erweisen. Ganz gleich, ob Sie ein Messer, eine Pistole oder ein Gewehr in der Hand halten: Die Waffe kann Ihnen entwendet werden, wenn Sie sie nicht richtig in den Händen haben. Sie müssen Ihre Waffe daher stets im Griff behalten.

Aufgabe: Halten Sie die Waffe jederzeit mit richtigem Griff fest.

Ausführung: Eine Waffe in die Hand zu nehmen ist in den USA etwas ganz Normales, wie man auch einen Hammer oder ein anderes Werkzeug in die Hand nimmt. Der Stiel oder Schaft liegt in der Mitte der Handfläche, die Finger legen sich gekrümmt darüber, während der Daumen nach unten zeigt und oben auf den Fingern ruht. Sie machen also eine Faust um den Schaft der Waffe. Wenn Sie ein Messer halten, bestimmt die Position der Klinge den jeweiligen Griff. Steht die Klinge senkrecht und ragt über Zeigefinger und Daumen hinaus, handelt es sich um einen Standardgriff. Zeigt die Klinge von Ihrem kleinen Finger und dem Handballen nach unten, handelt es sich um einen umgekehrten Griff.

No. 050: WIE MAN EIN MESSER RICHTIG HÄLT

Hilfe und Unterstützung: Ein fester Griff ist ebenso wichtig wie das Wissen, wie man greift. Es gibt Übungen, mit denen man den eigenen Griff stärken kann, sodass Sie allgemein mehr Kraft in Ihren Händen entwickeln, damit Ihre Waffe sicherer in der Hand liegt. Als Erstes sollten Sie auf die Zughilfen verzichten, die Sie eventuell beim Gewichtstraining verwenden. Auch der »Farmer's Walk« (das Tragen von Kurzhanteln in den Händen über eine längere Strecke) oder Bizepscurls sorgen längerfristig für mehr Griffkraft. Sie können das mit einzelnen Hantelscheiben tun oder versuchen, zwei Hantelscheiben gleichzeitig zu heben. Auch mithilfe von Handtüchern lässt sich die Griffkraft verbessern. Binden Sie Ihr Handtuch um eine Klimmzugstange und absolvieren Sie Klimmziehen, indem Sie sich am Handtuch statt an der Stange festhalten.

Anweisung und Kontrolle: Ein leichter Griff ermöglicht schnelle Bewegungen. Eine Waffe mit festem Griff zu halten sorgt dafür, dass Sie heftig zuschlagen (oder zustechen, falls Sie ein Messer in den Händen haben) können und dass die Waffe in Ihrer Hand verbleibt. Kurz vor dem Zuschlagen beziehungsweise Zustechen sollten Sie Ihre Waffe etwas lockerer halten, beim Schlagen oder Stechen selbst sollte der Griff der Waffe fest in der Hand liegen. So holen Sie das Beste aus Ihrem Griff heraus, behalten die Kontrolle über Ihre Waffe und richten mit Ihren Schlägen oder Stichen größere Schäden an.

051 Richtig zustechen

Situation: Unter einem Stich verstehen wir im Allgemeinen einen Schnitt mit dem Messer. Rich beschreibt einen Stich jedoch als eine von vier mechanischen Bewegungen, die man mit einem Messer, einer Pistole, einem Gewehr oder sogar mit den bloßen Händen ausführen kann. Bei einem Stich mit dem Messer umfassen Sie dieses mit normalem Unterhandgriff, das heißt, die Klinge mit der Spitze zeigt auf den Angreifer. Wie bei einer kurzen Geraden fahren Sie die Hand mit dem Messer möglichst schnell aus und ziehen sie danach zurück. Das Ganze ist eine kreisförmige Bewegung, wobei der ausfahrende Arm, wenn er sich auf das Ziel zubewegt, einen höheren Bogen beschreibt als beim Zurückziehen des Arms. Dadurch schlagen oder stechen Sie schneller zu, da Sie Ihren Arm nicht nur in gerader Linie vor- und zurückbewegen. Der Stich oder Schlag kann mit dem Messer, einer Pistole, einem Gewehr oder nur mit den bloßen Händen ausgeführt werden. Die mechanische Bewegung bleibt die Gleiche, egal, welche Waffe Sie verwenden. Mit einem Messer haben Sie die größte Reichweite, wenn Sie Ihren führenden, das heißt den am weitesten vorne liegenden Arm, benutzen. Sie können auch mit Ihrem hinteren Arm zustechen, sodass Sie mit ihrem »Führarm« ebenfalls angreifen oder aber sich verteidigen können.

Aufgabe: Stechen oder schlagen Sie mit dem zu, was Sie dabeihaben.

Ausführung: Wenn Sie mit einer Pistole ausholen, als wollten Sie Ihrem Gegner einen Stich versetzen, unterscheidet sich das nicht von der Bewegung mit einem Messer. Rich erklärt:

1. Der Lauf der Pistole befindet sich in einer Linie mit Ihrem Ellbogen und wird zu einer Verlängerung Ihres Arms.
2. Die Bewegung, die Sie beim Zuschlagen mit der Mündung machen, ist die gleiche und kann genauso tödlich sein wie mit einer Klinge.

No. 051: RICHTIG ZUSTECHEN

3. Wenn Sie mit einem Gewehr wie mit einem Messer »zustechen«, benötigen Sie beide Hände. Mit der Hand, mit der Sie das Gewehr weiter vorne festhalten, bewegen Sie das Gewehr in die gleiche Richtung Ihres Gegners, als würden Sie mit einem Messer zustechen.
4. Ebenso wie die Pistole kann auch das Gewehr eine sehr gefährliche Waffe sein, wenn es auf unterschiedliche Weise eingesetzt wird.

Hilfe und Unterstützung: Rich sagt, dass ein etwas lockerer Griff eine schnellere Bewegung ermöglicht, bevor Sie letztlich zustechen. Bruce Lee war einer der Ersten, der erklärte, dass die Hand vor dem Zustechen eher entspannt sein sollte, bevor man das Messer fest umklammert und eine steinharte Hand formt, um das Maximum an Kraft herauszuholen. Anschließend lockern Sie Ihre Hand wieder, bevor Sie sie erneut anspannen und sich auf den nächsten Schlag vorbereiten. Wenn Sie eine Schusswaffe in der Hand haben, verhält es sich nicht anders. Zunächst umfassen Sie sie mit lockerem Griff, sodass Sie sich schnell und leicht bewegen können, spannen aber kurz vor dem Zustechen Ihre Hand an.

Anweisung und Kontrolle: Jedes Stück Stahl, das gegen Ihren Kopf schlägt, richtet verheerenden Schaden an. Wenn Sie morgens Ihr Haus mit einem Gewehr kontrollieren, weil Sie nachts ein verdächtiges Geräusch gehört haben, könnte ein Zustechen mit der Mündung die bessere Wahl sein, als den Eindringling zu erschießen. Die Situation, die Umgebung und Ihr Geschick haben Einfluss auf diese Entscheidungen oder sollten zumindest Teil Ihrer Entscheidungsfindung sein.

052 Der Breaker: Wie man einen Kampf beenden kann

Situation: Mit einem *Breaker* können Sie den Kampf beenden. Wenn Sie Raum zwischen sich und Ihrem Gegner schaffen müssen, ist der Breaker besonders nützlich. Je nach Situation kann es passieren, dass Sie Ihre Arme vor dem Körper aneinanderlegen, die Hände nah an der Brust halten und die Ellbogen vollständig angewinkelt sind, sodass die Unterarme Ihren Bizeps berühren. Und nun müssen Sie für Abstand zwischen sich und dem Angreifer sorgen. Ein Breaker ist in einer solchen Position ideal. Sie würden nie eine solche Haltung einnehmen wollen, aber das Kampfgeschehen lässt sich leider nicht vorhersehen. Beim Breaker schlagen Sie mit der Rückseite der Unterarme und den Ellbogenspitzen in einer großen, kreisförmigen Bewegung zu, um Abstand zum Gegner zu schaffen.

Aufgabe: Sorgen Sie für Abstand; beenden Sie den Kampf.

Ausführung: Ein Breaker ist so ähnlich wie ein Ellbogenschlag, mit einem kleinen Unterschied: Während der Ellbogenschlag über das Gesicht des Angreifers fegt, ziehen Sie den Ellbogen nach dem Schlag sofort wieder in die andere Richtung zurück. Damit haben Sie das Überraschungsmoment auf Ihrer Seite und verschaffen sich Abstand zum Schurken. Die gleiche Bewegung kann auch mit einem Messer, einer Pistole oder einem Gewehr ausgeführt werden, sodass noch mehr Wucht hinter dem Schlag sitzt.

Hilfe und Unterstützung: Ein Breaker sollte nicht nur allein aus der Schulter heraus erfolgen. Stattdessen sollten sich Ihr ganzer Körper und Ihr Rumpf mitdrehen, während Sie zuschlagen, um für mehr Abstand zum Angreifer zu sorgen.

No. 052: DER BREAKER: WIE MAN EINEN KAMPF BEENDEN KANN

Anweisung und Kontrolle: Bewahren Sie stets die Ruhe, vor allem, wenn Ihr Gegner Ihnen sehr, sehr nahe kommt. Denn wenn er nah genug ist, damit Sie ihm einen Breaker verpassen können, ist auch er Ihnen nah genug, dass er Sie zu Boden bringen kann und dadurch die üble Lage noch verschlimmert. Nutzen Sie den Breaker, um Abstand zu dem Schuft zu gewinnen, und gehen Sie dann zu anderen Schlägen oder Waffen über, die dem Kampf ein schnelles Ende setzen.

053 Der Rammschlag

Situation: Mithilfe des Rammschlags blockieren Sie den Angreifer in seiner energischen Vorwärtsbewegung. Sie können einen Rammschlag mit leeren Händen, einer Pistole oder einem Gewehr ausführen. Richs Schläge sind für jede Waffe geeignet, die man in die Hand nehmen kann.

Aufgabe: Seien Sie Schild und Schwert in einem.

Ausführung: Die meisten von Richs Schlägen ergeben sich aus weiten, kreisförmigen Bewegungen. Das Gleiche gilt für den Rammschlag, und auch hier kann man wieder schneller in die Ausgangsposition zurückkehren, als wenn der Arm nur gerade ausgestreckt und wieder zurückgezogen wird. Beim Rammschlag driftet der Arm nach außen, um das aggressive Vordringen Ihres Angreifers zu stoppen. Treffen Ihre Unterarme, Ihr Messer, Ihre Pistole oder Ihr Gewehr auf den Gegner, so kommt das einem gewaltigen und harten Schlag gleich. Mit dem Schlag unterbinden oder halten Sie einerseits das Vorpreschen des Gegners auf, andererseits sitzt hinter dem Rammschlag eine heftige Wucht.

Hilfe und Unterstützung: Körpermechanik und eine gute Beinarbeit erhöhen die Schlagkraft des Rammschlags. Wenn Ihre Arme nicht unter 90 Grad einknicken, steigern Sie die Schockwirkung des Schlags und halten Ihren Gegner auf sicheren Abstand.

Anweisung und Kontrolle: Behalten Sie die Hände Ihres Gegners im Auge und achten Sie auf seine Körpersprache. Beides kann sehr aufschlussreich sein und bestimmt Ihre Gegenwehr und Reaktionen. Der Rammschlag ist sowohl für den Angriff als auch für die Verteidigung geeignet, doch sobald Ihr Gegner Sie angreift, werden Sie schon wissen, wann Sie ihn anwenden, da Sie seine Schläge dadurch abblocken können.

No. 053: DER RAMMSCHLAG

054 Der Hack-Schlag

Situation: In einem Kampf können Ihre Hände und Arme jederzeit verschiedene Stellungen einnehmen. Falls Sie einmal in Gefahr geraten, sollten Sie wissen, wie verschiedene Schläge sich zu einem gewaltigen Schlag vereinen. Das Kampfgeschehen ist oft chaotisch, und innerhalb einer Sekunde ist man ins Wanken geraten, gegen eine Wand gedrückt oder zu Boden gebracht worden. Der Hack-Schlag ist vielseitig einsetzbar und kann sowohl offensiv als auch defensiv angewandt werden, insbesondere dann, wenn Ihre Hände erhoben sind und Ihre Ellbogen nach außen zeigen.

Aufgabe: Hacken Sie sein Gesicht – nicht seinen Computer.

Ausführung: Der Hack-Schlag besteht aus vier Schritten:

1. Halten Sie die Hände hoch und schützend über den Kopf.
2. Fassen Sie Ihr Messer mit Hammerfaust; die Klinge zeigt nach unten.
3. Das spitze Ende der Klinge zeigt weiterhin nach unten, während Sie mit Ihrer Faust von oben auf den Gegner einschlagen.
4. Ziehen Sie Ihre Hand, sobald das Messer den Feind getroffen hat, sofort zurück und wiederholen Sie, falls nötig, die Schlagfolge.

Wenn Sie ein Gewehr benutzen, ziehen Sie dem Schuft in einer halbkreisförmigen Bewegung einen festen Schlag über den Kopf und lassen ihn die Mündung und das Metall des Gewehrs spüren.

Hilfe und Unterstützung: Ob Sie nun ein Messer, eine Pistole, ein Gewehr oder die bloßen Hände benutzen: Ihre Beinarbeit und Ihre Körpermitte spielen eine wichtige Rolle, damit mehr Power hinter Ihren Schlägen sitzt.

Anweisung und Kontrolle: Wenn Sie mit Ihrer Pistole oder Ihrem Gewehr zuschlagen, kann die Waffe einen Defekt davontragen. Überprüfen Sie sie daher regelmäßig auf mögliche Fehlfunktionen.

No. 054: DER HACK-SCHLAG

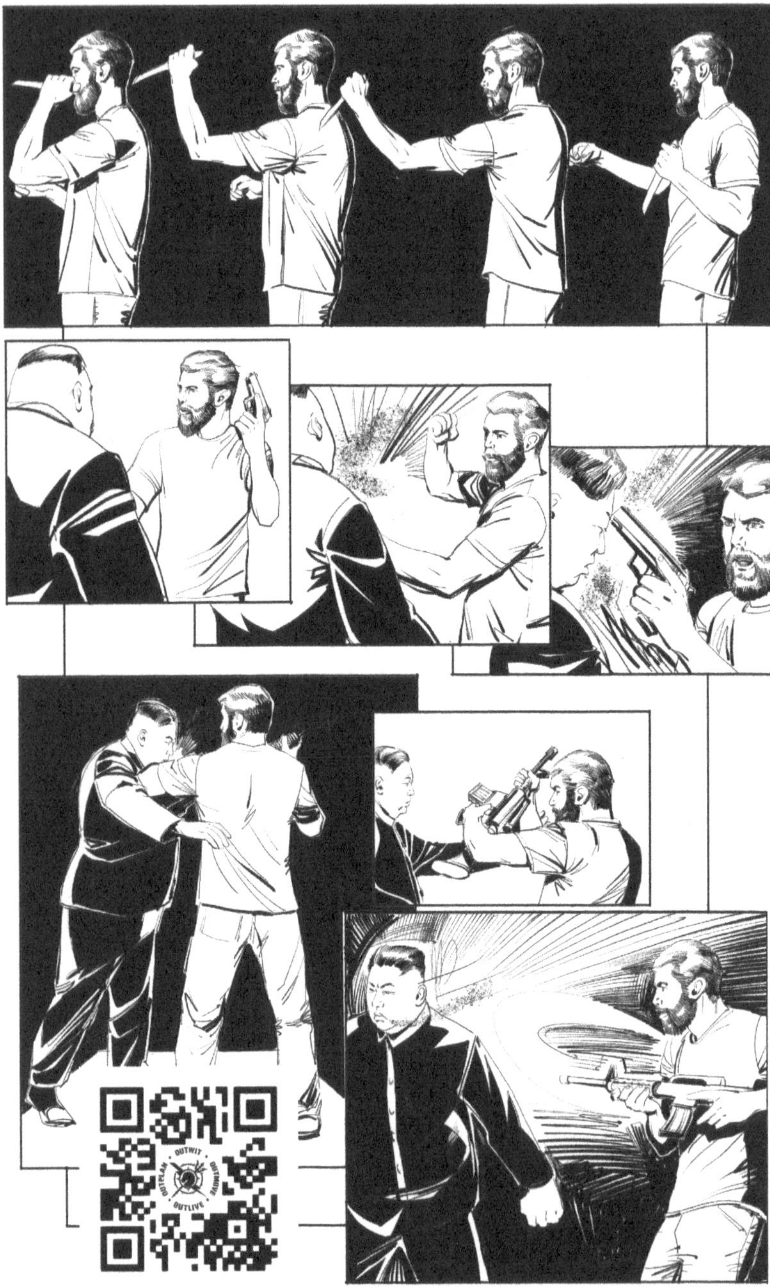

ROE, TREVOR

DER HARTE KERL

Codename: Quick Draw
Grundlegende Skills: Revolverheld
Weiterführende Skills: Revolverheld

Hintergrund: Trevor Roes Interesse am Schießsport begann im Alter von vier Jahren mit einem .22-Gewehr in der Wüste Kaliforniens, und im Alter von 15 Jahren war er ein gesponserter Wettkämpfer der Meisterklasse im Action Shooting im USPSA-Stil. Trevor Roe wuchs in einer Familie auf, in der der Militärdienst eine lange Tradition hat. Er studierte in West Point Jura und Maschinenbau und schloss das Studium 2004 ab. Während seines Studiums an der Akademie wurde er drei Jahre in Folge Gesamtsieger der Meisterschaften im Schießen an der Service Academy. Nach seinem Abschluss diente Trevor fünf Jahre lang als Infanterieoffizier in der Armee, mit Kampfeinsätzen im Irak und in Afghanistan. Trevor erhielt die seltene Gelegenheit, als Offizier die Scharfschützenschule der US Army zu besuchen und war der Ehrenabsolvent seiner Klasse. Nachdem er den Rang eines Hauptmanns erlangt hatte, verließ Trevor das Militär, um das MBA-Programm der Southern Methodist University zu absolvieren und ins Zivilleben zu wechseln. Er hatte verschiedene strategische und operative Funktionen in der Privatwirtschaft inne und übernahm im Mai 2017 die Rolle des Geschäftsführers des Schusswaffenherstellers Shadow Systems. Trevor wohnt in Plano, Texas, mit seiner Frau, drei Kindern und drei mürrischen Hauskatzen.

MS13

DER FEIND

Hintergrund: Die Mara Salvatrucha (MS13) ist eine der größten und wohl auch gewalttätigsten Straßenbanden der Welt. Nach relativ bescheidenen Anfängen in Los Angeles in den 1980er-Jahren hat sie sich ausgebreitet und ist in beiden Hemisphären ins Zentrum der Strafverfolgung gerückt. Im Jahr 2017 hielt Präsident Trump eine Pressekonferenz ab und beschrieb die Aktivitäten der Bande: »Sie entführen, sie erpressen, sie vergewaltigen und sie rauben. Sie haben es auf Kinder abgesehen. Sie sollten nicht auf diesem Planeten sein. Sie trampeln auf ihren Opfern herum, schlagen sie mit Knüppeln, schlitzen sie mit Macheten auf und stechen sie mit Messern ab. Sie haben friedliche Parks und schöne, ruhige Stadtviertel in blutige Todeszonen verwandelt. Das sind Tiere.«

055 Trevors alltägliche Ausrüstung

Ein Keller voller Notvorräte ist ein guter Anfang, um sich auf einen Katastrophenfall vorzubereiten. Selbst der Kofferraum Ihres Autos ist ein ungenutzter mobiler Bunker. Und wenn Sie Ihren Gürtel mit einigen lebenswichtigen Dingen bestücken, haben Sie im Notfall alles griffbereit. Zur alltäglichen Ausrüstung gehören leicht verfügbare Gegenstände, die Sie stets am Körper oder in einem Rucksack, einer Umhängetasche oder einer Handtasche bei sich tragen. Und Sie haben sie stets bei sich, nicht nur, wenn Sie garantiert mit Problemen rechnen müssen. Für die meisten sind die Dinge, die sie mit sich herumtragen, etwas sehr Persönliches und auf die besonderen Fähigkeiten des Einzelnen zugeschnitten. Hier eine Liste mit den Sachen, die Trevor tagtäglich bei sich trägt, um mögliche Gefahren zu überstehen.

1. MR920L, Pistole
2. Comp-Tac MTAC, Pistolentasche
3. Magpul PMAG GL9, Magazin mit 15 Schuss
4. 147 Korn HST +P, Munition
5. ProTac 1L, Taschenlampe
6. Leatherman Skeletool CX
7. Spyderco, Messer
8. Waterman Expert, Füllfederhalter

No. 055: TREVORS ALLTÄGLICHE AUSRÜSTUNG

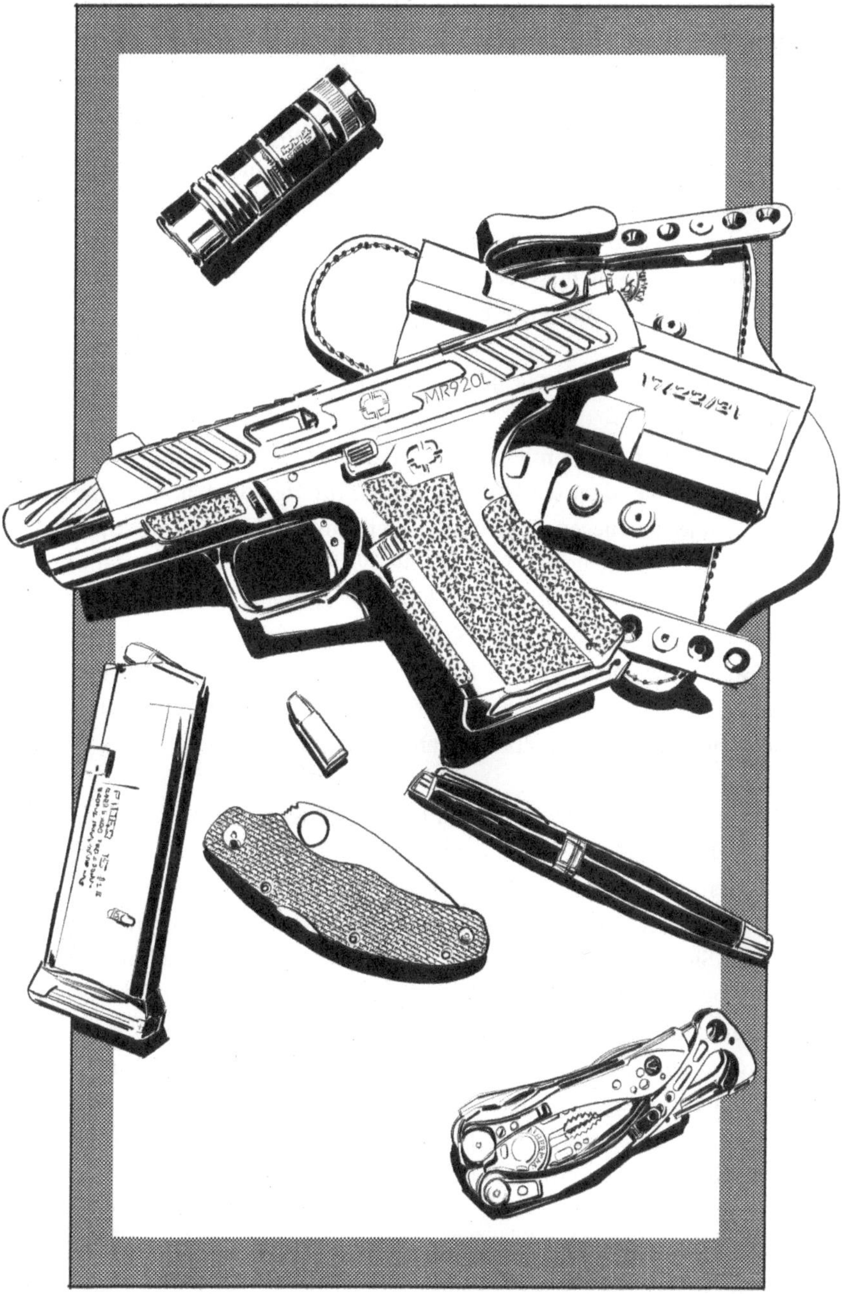

056 Eine verdeckte Pistole ziehen

Situation: Sie haben Ihre unmittelbare Umgebung abgecheckt und festgestellt, dass Sie Ihrem Gegner nicht lebend entkommen können. Sie wissen nur, was sich vor und hinter dem Feind befindet. Ihr Leben oder das anderer Personen in Ihrer Nähe ist bedroht, und es gibt keinen Fluchtweg. Die Anwendung tödlicher Gewalt ist im Allgemeinen vonnöten, wenn Ihr Leben direkt und unausweichlich bedroht wird.

Aufgabe: Seien Sie schneller als Ihr Gegner.

Ausführung: Ziehen Sie mit Ihrer assistierenden Hand, das heißt mit der Hand, mit der Sie nicht die Waffe benutzen, Ihr Hemd hoch, um Ihre verdeckte Pistole freizulegen. Gleichzeitig greift Ihre Schusshand mit drei Fingern nach dem Pistolengriff. Ziehen Sie die Waffe hoch aus dem Pistolenhalter hinaus, bevor Sie den Lauf auf den Angreifer richten. Sobald Sie die Waffe vollständig gezogen haben, legen Sie den Finger auf den Abzug. Ihre andere Hand unterstützt sodann Ihre Schusshand, und Sie zielen auf den Gegner – geben Sie einen Warnschuss ab, um den Schurken zu erschrecken und einzuschüchtern. Die Bewegungsabfolge untereilt sich in folgende Schritte:

1. Greifen Sie Ihr Hemd mit der Hand, mit der Sie nicht schießen, und ziehen Sie den Stoff hoch zur Brust. Mit dieser Hand halten Sie Ihr Hemd fest, während Ihre Schusshand zur Pistole greift.
2. Umfassen Sie die Pistole schnell, aber fest. Geben Sie Ihr Bestes, da Sie möglicherweise keine Zeit haben, Ihren Griff zu korrigieren. Übertreiben Sie es im Training und ziehen Sie die Pistole sehr weit hinaus, denn so gewährleisten Sie, dass Sie die Waffe schnell aus dem Holster ziehen. Derart können Sie die Pistole nah am Körper halten und gezielte Schüsse abgeben, falls Ihr Gegner den Abstand zu Ihnen verringert hat. Beenden Sie diesen Schritt, indem Sie die Mündung auf den Feind richten.

No. 056: EINE VERDECKTE PISTOLE ZIEHEN

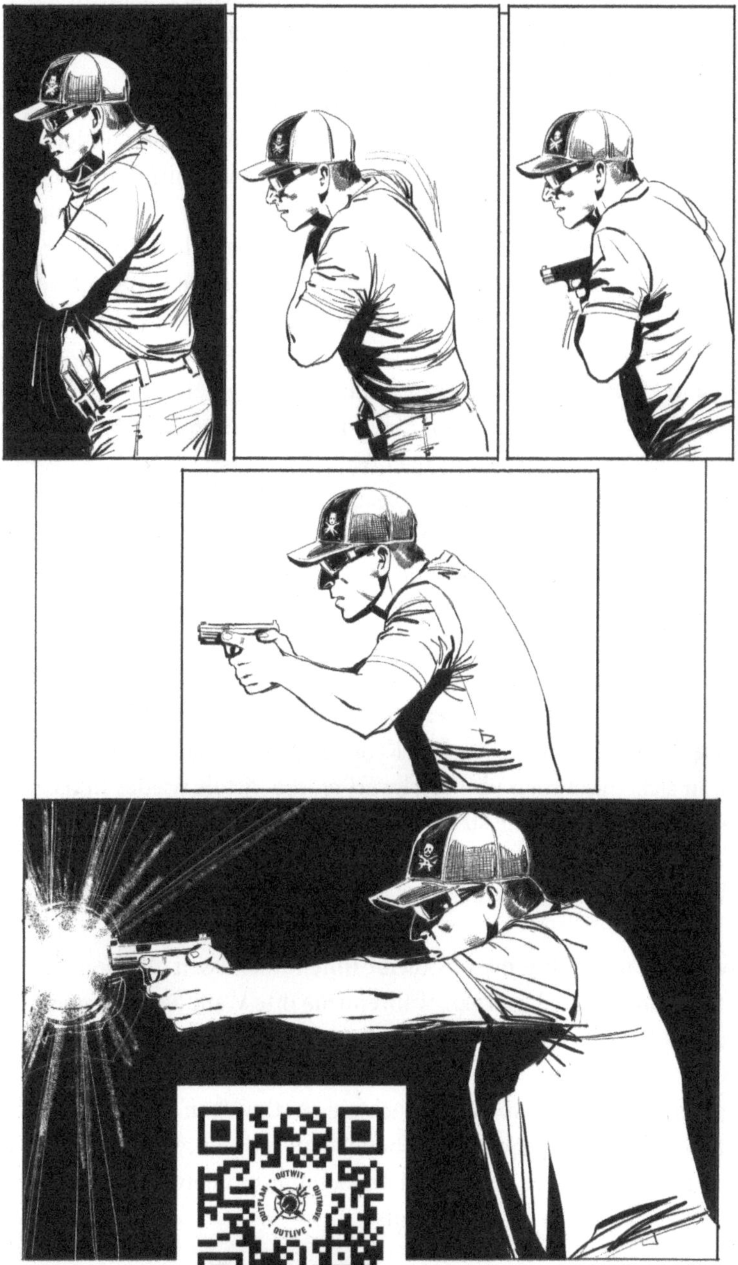

3. Führen Sie die Hände auf Höhe der Brustmitte zusammen. Mit dieser Bewegung gehen Sie dazu über, den Griff einzunehmen, mit dem Sie den Schuss abfeuern, und Sie sollten das Korn der Pistole in Ihrem peripheren Blickfeld sehen.
4. Zielen Sie mit dem Korn auf den Angreifer. Während Sie die Pistole nach vorne richten, haben sich Ihre Hände zum endgültigen Griff formiert, und Sie nehmen das Ziel ins Visier. Falls es die Situation erfordert, sollten Sie mit dem Schuss nicht mehr lange fackeln.
5. Schießen Sie, sobald Sie in Position sind. Sie sollten Ihr Visier (oder den Punkt) sehen und wissen, wo der Schuss einschlagen wird. Ihre Ellbogen sollten in der endgültigen Schussposition entspannt sein.

Hilfe und Unterstützung: Es ist ratsam, das Tragen einer verdeckten Pistole zu üben. Denken Sie daran: Eine Pistole richtig zu ziehen ist genauso wichtig wie das Abfeuern der Kugel. Vergewissern Sie sich, dass das Holster mit seinem Halteclip richtig befestigt ist und an Ort und Stelle bleibt, wenn Sie die Waffe ziehen. Achten Sie darauf, dass die Passform des Holsters eng genug ist, um die Pistole sicher zu halten, aber nicht allzu eng, dass Sie beim Ziehen behindert werden.

Wählen Sie ein Holster, das den Abzugsbügel vollständig bedeckt und auch dort bleibt, wo Sie es anbringen. Viele bestehen heute aus thermoplastischem Kydex, das sich der Pistole anpasst und beim Einsetzen oder Herausziehen der Waffe »klickt«. Kydex fällt nach dem Ziehen der Waffe nicht in sich zusammen und erschwert es, die Pistole wieder in das Holster zu stecken. Gehen Sie stets langsam und vorsichtig vor, wenn Sie Ihre Waffe wieder verstauen. Es kann zu weiteren Entladungen kommen, wenn die Waffe unvorsichtig zurückgesteckt wird.

Anweisung und Kontrolle: Es bleibt Ihnen überlassen, ob Sie Ihren Angreifer mündlich noch warnen, während Sie Ihre Waffe ziehen. Selbst wenn Sie dem Feind von Angesicht zu Angesicht gegenüberstehen und bereits Schüsse gefallen sind, können laute Zurufe und Befehle den Verbrecher lange genug ablenken, sodass Sie sich einen taktischen Vorteil verschaffen können. Wenn Ihr Gegner nicht bereits auf Sie zielt, halten Sie sich mit lauten Befehlen zurück, um das Überraschungsmoment zu wahren, bis Sie in einer vorteilhaften Situation sind.

057 Die optimale Körperhaltung, das Gleichgewicht und der richtige Griff

Situation: Die Grundlagen für ein gutes Schießen mit einer Pistole sind die optimale Haltung, das Gleichgewicht und der richtige Griff. All das hat sich im Lauf der Jahre verändert, doch die »heutige Technik« (beidhändiger Griff und das Anvisieren) hat im Allgemeinen die älteren Techniken des Deutschusses und des einhändigen Schießens in den Hintergrund gerückt.

Aufgabe: Seien Sie oben ein Panzerturm und unten ein Boxer.

Ausführung: Stellen Sie sich genau vor das Ziel und schieben Sie Ihr Standbein nach vorne – so als wollten Sie gehen, plötzlich aber mitten im Schritt stehen bleiben. Etwa 60 Prozent Ihres Gewichts sollten auf dem vorderen Bein lasten, wobei Ihre Brust etwas weiter vorne ist als Ihre Knie. Mit dieser Bewegung bleiben Sie vorne im Gleichgewicht, um den Rückstoß abzufangen. Dank dieser vielseitigen Haltung können Sie sich schnell bewegen und abwechselnd Stellungen einnehmen, um somit Ihre Deckung auszunutzen. Unerfahrene oder ungeübte Schützen lehnen sich oft mit dem Körper zurück, weg von der Waffe; genau das sollten Sie auch vermeiden, wenn Sie auf dem Schießstand üben.

Umfassen Sie den Pistolengriff ziemlich weit oben. Sie sollten spüren, wie der Handrücken gegen den Biberschwanz auf der Rückseite der Pistole drückt. Ein hoher Griff verhindert, dass die Pistole während des Rückstoßes nicht wie ein Hebel in die Höhe schnellt. Legen Sie Ihre Finger ganz normal um den Pistolengriff. Ihre andere Hand schmiegt sich anschließend um Ihre Schusshand, wobei die Handballen hinten am Griff aufeinandertreffen. Ihre Schusshand lässt einen Teil des Griffs frei, und

No. 057: DIE OPTIMALE KÖRPERHALTUNG, DAS GLEICHGEWICHT UND DER RICHTIGE GRIFF

Ihre assistierende Hand sollte sich dort anschmiegen, damit das Metall mit möglichst viel »Fleisch« umschlossen wird. Was auch immer Sie tun, vermeiden Sie den »Tassen- und Untertassengriff« (bei dem die nicht schießende Hand die Untertasse bildet); damit haben Sie den Rückstoß kaum unter Kontrolle und keinen festen Halt. Legen Sie abschließend Ihren Daumen seitlich an den Rahmen und richten Sie sie auf das Ziel, wobei der Daumen der Schusshand auf dem der anderen Hand liegt.

Hilfe und Unterstützung: Wenn Sie die Pistole in den Händen halten, sollten etwa 60 Prozent des gesamten Drucks, der Ihren Griff ausmacht, von der assistierenden Hand ausgehen. Ist nämlich Ihre Schusshand etwas entspannter, verklemmt sich der Finger am Abzug nicht, wenn Sie mehrere Schüsse schnell hintereinander abfeuern. Auch Ihre Fußbekleidung ist wichtig. Tragen Sie stets Schuhe, in denen Sie rennen oder kämpfen können. Mit hohen Absätzen und Flip-Flops verlieren Sie schnell das Gleichgewicht und haben keinen festen Stand; außerdem können Sie damit nicht schnell flüchten.

Anweisung und Kontrolle: Präzise abgefeuerte Schüsse sind das Ergebnis Ihrer Haltung, Ihres Gleichgewichts und Ihres Griffs. All diese Faktoren zusammen sorgen dafür, dass Sie die Kontrolle über die Kampfzone übernehmen. Die meisten üblen Typen werden nie von diesem wichtigen Aspekt hören oder ihn verstehen. Nehmen Sie den korrekten Stand ein und beherrschen Sie jeden Ihrer Schüsse.

058 Abzugskontrolle und Anvisierung

Situation: Wenn Ihr Gegner nicht in Reichweite Ihrer Fäuste ist, sollten Sie besser auf eine offene Visierung setzen. Selbst ein ungenaues Zielbild, wenn Kimme und Korn nicht übereinstimmen, erhöht die Wahrscheinlichkeit, dass Sie Ihr Ziel irgendwo in der Mitte treffen, und das ist effektiver, als im Dauerfeuer wild herumzuballern. Bei modernen Handfeuerwaffen gibt es sowohl Eisenvisiere (mit Kimme und Korn) als auch optische Visiere (in der Regel ein batteriebetriebenes Miniatur-Rotpunktvisier). Wir werden uns mit dem richtigen Einsatz beider Systeme befassen.

Aufgabe: Antizipieren Sie nicht den Schuss.

Ausführung: Eisenvisiere sind einfach, robust und ermöglichen in den Händen eines versierten Schützen einen schnellen Einsatz. Allerdings kann das Auge immer nur eine Ebene fokussieren. Konzentrieren wir uns auf die Kimme, das Korn oder das Ziel? Die richtige Antwort ist das Korn. Die Fokussierung auf das Korn sagt Ihnen, wo die Kugel landen wird. Sportschützen werden Ihnen sagen, dass sie an Tagen, an denen sie das Korn klar im Fokus hatten, alle ihre Treffer erzielten. An Tagen, an denen sie das Korn nicht so scharf fokussieren konnten und eher auf das Ziel schauten, haben sie das Match verloren. Die Disziplin, den Fokus kurzzeitig von der erkannten Bedrohung auf das Visier zu richten, erfordert Übung, und das lässt sich am besten durch Trockenschießen (das Einüben von Techniken mit einer ungeladenen Waffe) trainieren.

- Elektronische und optische Visiere: Diese projizieren einen roten Punkt auf eine Linse und werden bei Pistolen immer beliebter. Sie vereinfachen das Zielen, da der Schütze den Punkt nur auf den Angreifer richten muss, um einen Treffer zu landen. Außerdem haben sie den Vorteil, dass der Schütze sich auf den Gegner konzentrieren

No. 058: ABZUGSKONTROLLE UND ANVISIERUNG

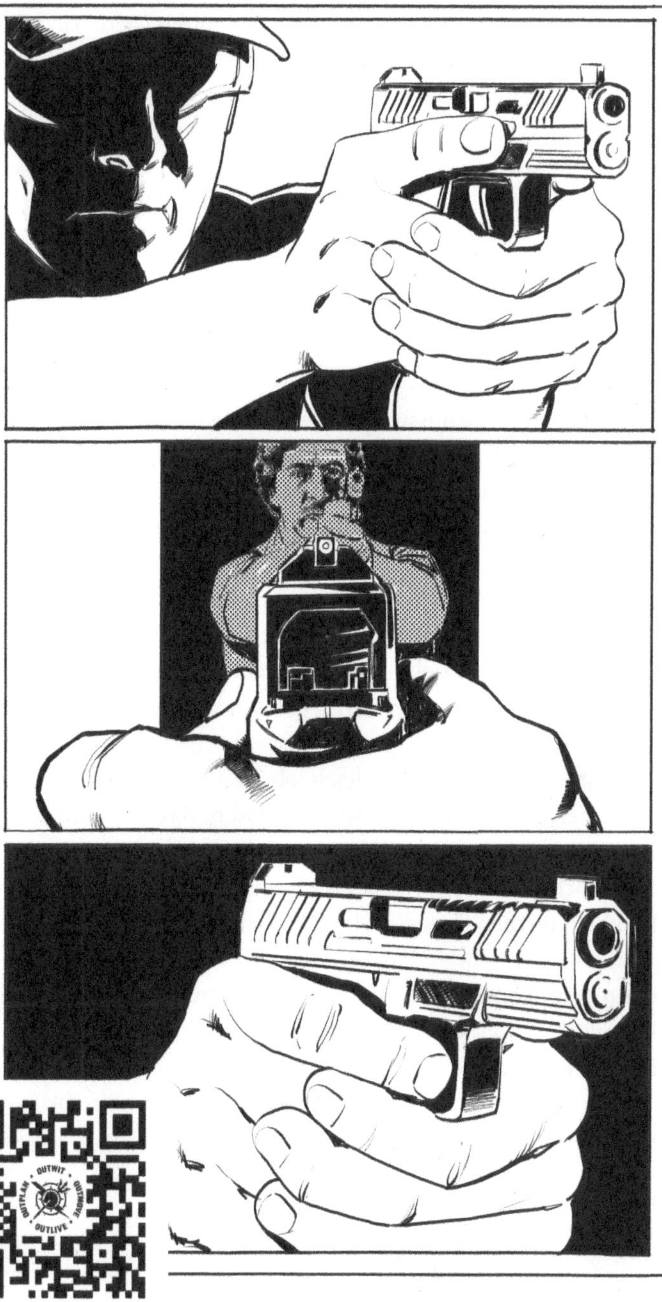

kann. Ein schneller Fokus hilft, das Ziel ausfindig zu machen. Die meisten Schützen finden es problematisch, den Punkt zu finden, wenn sie zum ersten Mal lernen, Rotpunktvisiere zu benutzen. Wenn Sie keinen festen Griff haben und nicht sicher auf den Füßen stehen, sollten Sie zuerst daran arbeiten, denn beides muss gewährleistet sein, um den Punkt zu finden. Wenn Sie dann tausendmal »trocken« schießen, werden Sie feststellen, dass der Punkt jedes Mal, wenn Sie die Waffe auf das Ziel richten, im Sichtfeld auf Sie wartet.

- Drücken des Abzugs: Je nach Pistole können Sie einen langen Abzug vorbereiten, indem Sie den Vorzugsweg verkürzen. Sind Kimme und Korn endgültig ausgerichtet, können Sie schießen. Die häufigste Ursache für Fehlschüsse mit einer Pistole ist das Antizipieren, also das Vorausahnen des Rückstoßes (das Zurückschrecken) und die ruckartige Betätigung des Abzugs. Beim Schießtraining verdeckt der Rückstoß das Problem, und Rechtshänder wundern sich, warum sie das Ziel nur unten links treffen. Mit Trockenschussübungen lässt sich dieses Problem beheben, ebenso wenn man übt, den Abzug richtig zu betätigen. Beim Combatschießen verkürzt sich der Vorgang, doch der kritische Punkt ist, dass man eher daneben schießt, wenn man den Abzug ruckartig betätigt und zusammenzuckt.

Hilfe und Unterstützung: Ganz gleich, ob Sie sich für ein Eisen- oder ein optisches Visier entscheiden: Sie sollten wissen, dass Sie nur eine Millisekunde verlieren, wenn Sie das Visier auf Augenhöhe bringen und üben. Schnelle Fehlschüsse zählen nicht, also lernen Sie, Ihr Visier zu benutzen, und schon bald werden Sie sehr schnelle Treffer landen.

Anweisung und Kontrolle: Mit der Übung kommt das Selbstvertrauen. Diese Fertigkeiten können Sie in aller Ruhe mit einer gesicherten Waffe üben. Durch regelmäßige Trockenschussübungen entwickeln Sie sehr effektive Skills, um sich zu verteidigen, ohne auch nur eine einzige Kugel abzufeuern. Denken Sie daran: Visier – fokussieren, Abzug – drücken.

059 Tap, Rack, Bang

Situation: Waffen sind Maschinen, und selbst die absolut zuverlässige AK-47 (Kalaschnikow) hat hin und wieder Ladehemmungen. Für diesen Fall sollten Sie einen Notfallplan parat haben und sofort reagieren können, falls das mitten im Kampf passiert. Es gibt vier wesentliche Fehlfunktionen, die Sie kennen sollten. Sie müssen deswegen nicht in einem Gefecht innehalten und eine Fehlerdiagnose erstellen, aber Sie sollten wissen, was Sie zu reparieren haben.

1. Nicht feuerbereit: Irgendwas hat verhindert, dass die Patrone abgefeuert wird. Möglicherweise haben Sie auch keine Patrone eingelegt. Manchmal wird dieses Problem auch als »Klick, kein Knall« oder als *Dead Man's Gun* bezeichnet.
2. Auszieher funktioniert nicht richtig: Entweder befindet sich eine abgefeuerte Hülse oder eine geladene Patrone noch im Patronenlager und ein weiteres Geschoss wird dahinter eingeführt; wird manchmal als »Doppeleinzug« bezeichnet.
3. Auswerfer funktioniert nicht richtig: Die Hülse der abgefeuerten Patrone wird nicht aus dem Gehäuse geworfen, auch »Auswurfstörung« genannt.
4. Ladehemmung: Das Patronenlager wartet auf die nächste Patrone, aber irgendetwas verhindert, dass es geladen wird.

Aufgabe: Sterben Sie nicht mit einer Waffe in der Hand, die nicht funktioniert.

Ausführung:

1. Schlagen (Tap) Sie gegen den Boden des Magazins in Richtung Lauf, um sicherzustellen, dass es ordnungsgemäß sitzt. Ziehen (Rack) Sie den Schlitten mit einem kräftigen Ruck nach hinten und kippen Sie die Waffe nach rechts, um eine verbrauchte Hülse zu entfernen.

No. 059: TAP, RACK, BANG

Lassen Sie den Schlitten los, und die Waffe ist wieder einsatzbereit (Bang). Mit dieser einfachen Methode lassen sich alle oben genannten Fehlfunktionen beheben, mit Ausnahme des Doppeleinzugs.

2. Wenn das Tap-Rack-Bang-Verfahren nicht funktioniert, sollten Sie sofort versuchen, einen vermutlichen Doppeleinzug mit der Lock-Rip-Rack-Reload-Methode zu beseitigen: Schieben Sie den Schlitten nach hinten wie beim Durchladen und ziehen Sie dann das Magazin heraus (halten Sie es fest oder lassen Sie es fallen). Schieben Sie den Schlitten dreimal hin und her, um das Lager von einer eingeklemmten Hülse zu befreien, und laden Sie neu (legen Sie ein neues Magazin ein und stecken Sie eine Patrone ins Lager).

Hilfe und Unterstützung: Üben Sie diese Abläufe beim Trockenschusstraining und praktizieren Sie sie auf dem Schießstand, falls ein Problem auftritt. Testen Sie sich selbst, indem Sie sich gelegentlich die Mechanik anschauen und das Problem beheben. Bei einem Angriff ist Zeit ein Luxus und kann Sie Ihr Leben kosten, wenn sie verschwendet wird. Reinigen Sie jedes Mal Ihre Waffe, wenn Sie damit geschossen haben, um Kohlenstoff und Ablagerungen aus der Mechanik zu entfernen und den Schlitten frei bewegen zu können. Beim Reinigen Ihrer Waffe müssen Sie zwangsläufig jedes einzelne Teil untersuchen, um einen Defekt oder eine unregelmäßige Abnutzung feststellen zu können. Führen Sie nur hochwertige, expandierende Munition mit sich, die zuverlässig eingezogen wird. Ihre Pistole muss mindestens 200 problemlose Schüsse abgeben, bevor sie zum Mitnehmen geeignet ist.

Anweisung und Kontrolle: Sie haben die Waffe unter Kontrolle, und nicht umgekehrt. Behalten Sie die Ruhe und üben Sie mit der Waffe, bis alles klappt. Ein gutes Muskelgedächtnis lässt sich nur durch Training entwickeln. Wenn es jedoch erst einmal funktioniert, können Sie eine Fehlfunktion beheben, bevor Ihr Gegner mitbekommen hat, dass Sie (vorübergehend) außer Gefecht gesetzt sind. Verlieren Sie nicht die Kontrolle über die Waffe, sonst wird Sie zur *Dead Man's Gun*.

060 Zielerfassung

Situation: Gewöhnen Sie sich an den Gedanken, dass Pistolen Gewehren in technischer Hinsicht unterlegen sind. Eine Pistole sollte als ein Hilfsmittel betrachtet werden, das Ihnen zur Not das Überleben sichert, bis Sie zu einem Gewehr greifen können. Sollte das allerdings nicht möglich sein, müssen Sie wissen, wie man eine Pistole benutzt und in einer brenzligen Lage richtig zielt und schießt. Abgesehen von den seltenen Fällen, in denen ein präziser Kopfschuss vonnöten ist, geben Sie auf jeden Angreifer, der eine ernsthafte Bedrohung für Sie darstellt, mindestens zwei Schüsse ab. Mit einem solchen »Doppelschuss« verletzen Sie Ihren Gegner in höchstem Maße, und außerdem erhöhen Sie damit die Wahrscheinlichkeit eines Volltreffers. Bei äußerst geringer Entfernung (weniger als 6,5 Meter) reichen ein Zielbild und zwei schnelle Schüsse. Bei einem Abstand von mehr als 6,5 Metern sollten Sie zwei verschiedene Zielbilder einplanen. Bei zwei Zielbildern benötigen erfahrene Schützen nur 0,20 Sekunden zwischen zwei Schüssen. Das ist schnell. Zwei Bilder reichen in manchen Fällen nicht aus, und Sie müssen, wenn Sie mit Ihren zwei Schüssen versagt und das Ziel verfehlt haben, eine »Fehlerkorrektur« vornehmen. Diese »Korrektur« besteht aus einem dritten Schuss in den Kopf. Der finale Schuss kann unmittelbar als Doppelschuss erfolgen oder Sie warten, bis etwas Zeit verstrichen ist oder Sie die Lage neu eingeschätzt haben. Mitunter erkennen Sie auch, dass der Gegner Ihnen so nah oder so gefährlich ist, dass Sie all diese Schüsse direkt hintereinander abgeben.

Aufgabe: Kommen Sie lebend nach Hause.

No. 060: ZIELERFASSUNG

Ausführung: Falls Sie von mehreren Gegnern angegriffen werden, spielt die Zeit eine entscheidende Rolle. Wenn Sie auf jeden einen Schuss abfeuern, hat der letzte Gegner zu viel Reaktionszeit. Daher lehren die meisten Ausbilder, wenn es darum geht, sich mit Waffen taktisch zu verteidigen, eine Schussabfolge, bei der man auf jeden Angreifer einmal schießt und dann denjenigen, der noch steht, mit einem zweiten oder dritten Schuss »wegputzt«. Wenn Sie sich im Freien mit drei Gegnern konfrontiert sehen, planen Sie einen Schuss auf den ersten, einen auf den zweiten, zwei auf den dritten, einen weiteren auf den zweiten und noch einen auf den ersten.

Hilfe und Unterstützung: Vergewissern Sie sich, dass Sie zusätzlich zu dem Magazin in Ihrer Waffe mindestens ein weiteres dabeihaben. Von mehreren Gegnern bedroht zu werden bedeutet, dass Sie jede Menge Kugeln verschießen. Begeben Sie sich stets in Deckung, während Sie die Schurken angreifen. Auch hier gilt: Training verbessert Ihre Skills und erhöht Ihre Erfolgsaussichten.

Anweisung und Kontrolle: »Atme durch, schaue dich um und schätze die Lage ein«. Mit diesem Merksatz beenden Sie all Ihre Einsätze. Üben Sie das auf dem Schießstand, damit es Ihnen in Fleisch und Blut übergeht. Es ist nicht ungewöhnlich, dass jemand nach einem solchen Gefecht auf ein bestimmtes Ziel fixiert ist oder hyperventiliert. Wenn Sie durchatmen und Ihre Umgebung im Auge behalten, um nach einem weiteren möglichen Schurken Ausschau zu halten, sind alle Ihre fünf Sinne aktiv und verhindern, von einem neuen Angriff überrascht zu werden.

McNAMARA, PATRICK

DER HARTE KERL

Codename: Blaze
Grundlegende Skills: Revolverheld, Hauptausbilder der TMACS Ltd.
Weiterführende Skills: Professor, University of Badassery

Hintergrund: Patrick McNamara diente 22 Jahre lang in der US Army und arbeitete mit mehreren Spezialeinheiten zusammen. Während seiner Arbeit in der besten Spezialeinheit des Landes wurde er zum taktisch versierten Scharfschützen. Patrick hat Trainingsprogramme entwickelt, um Menschen, ganz gleich, wie treffsicher sie sind oder nicht, das Schießen beizubringen. Ob Zivilisten mit wenig bis gar keiner Erfahrung, Polizeibeamte, die auf der Straße Dienst leisten, oder Soldaten der Militärakademie – jeder kann von seinem Training profitieren. Patricks militärische Erfahrung hat ihn gelehrt, dass zur Treffsicherheit mehr gehört, als nur den Abzug zu betätigen. Basierend auf seiner jahrelangen Erfahrung entwickelte Patrick eine Trainingsmethodik, die sicher, effektiv sowie nützlich im Kampf Mann gegen Mann ist und stets zu neuem Denken anregt. Diese Methode lehrt die Auszubildenden, jederzeit die Sicherheit zu wahren und ihre Ziele mit Bedacht und Verantwortungsbewusstsein auszuwählen. Seine Kurse decken mehrere Kategorien ab, darunter Einzel-, Gruppen-, Online- und Standardkurse. Während er als Unteroffizier für Schießkunst in seiner Einheit diente, baute er seinen Schießsportklub mit NRA-, CMP- und USPSA-Mitgliedschaften auf. Patrick leitete monatliche IPSC-Wettkämpfe und halbjährliche Meisterschaften in militärischer Schießkunst, um die Grundlagen des Schießens und den sportlichen Konkurrenzkampf in der Armee zu fördern. Er schied als Hauptfeldwebel aus der bedeutendsten Armeeeinheit zur Geiselrettung aus und ist der Autor von *TAPS Tactical Application of Practical Shooting* und *Sentinel*.

SADDAM HUSSEIN

DER FEIND

Hintergrund: Hussein kam 1979 an die Macht, obwohl er de facto bereits seit mehreren Jahren an der Spitze des Irak stand. Er unterdrückte mehrere Bewegungen, insbesondere schiitische und kurdische, die versuchten, die Regierung zu stürzen beziehungsweise ihre Unabhängigkeit zu erlangen und behauptete seine Macht während des iranisch-irakischen Krieges und des Golfkrieges. Husseins Herrschaft war eine repressive Diktatur. Die Gesamtzahl der Iraker, die von den Sicherheitsdiensten der Regierung Hussein bei verschiedenen Säuberungen und Völkermorden getötet wurden, wird vorsichtigen Schätzungen zufolge auf 250 000 geschätzt. Allein Husseins Invasionen im Iran und in Kuwait hatten Hunderttausende von Toten zur Folge.

061 Pats Alltagsausrüstung

Überlebensfähigkeit ist nicht nur eine Frage der richtigen Ausrüstung oder des härtesten Körpertrainings. Abgesehen von Muskeln, Muskelkraft und Ausrüstungen für eventuelle Krisensituationen besteht der wichtigste Aspekt des Überlebenstrainings darin, sich eine präventive und proaktive Denkweise anzueignen. Die richtige Überlebenseinstellung kennt keine Passivität, sondern bereitet Sie darauf vor, sich mit mehreren ungewollten Situationen auseinanderzusetzen. Was auch immer Sie am Gürtel, in Ihrem Rucksack oder Ihrer Handtasche mit sich führen: Die richtige mentale Einstellung ist Ihre wichtigste Waffe, die Sie täglich bei sich tragen. Hier eine kurze Liste der Dinge, die Pats Einstellung und Überlebenswillen ergänzen.

1. SSVI Glock 19
2. Zusatzmagazin mit NeoMag-Halter
3. Brous-Klappmesser
4. Streamlight-Taschenlampe
5. Cool-Metallarmband
6. BCM-Uhr

No. 061: PATS ALLTAGSAUSRÜSTUNG

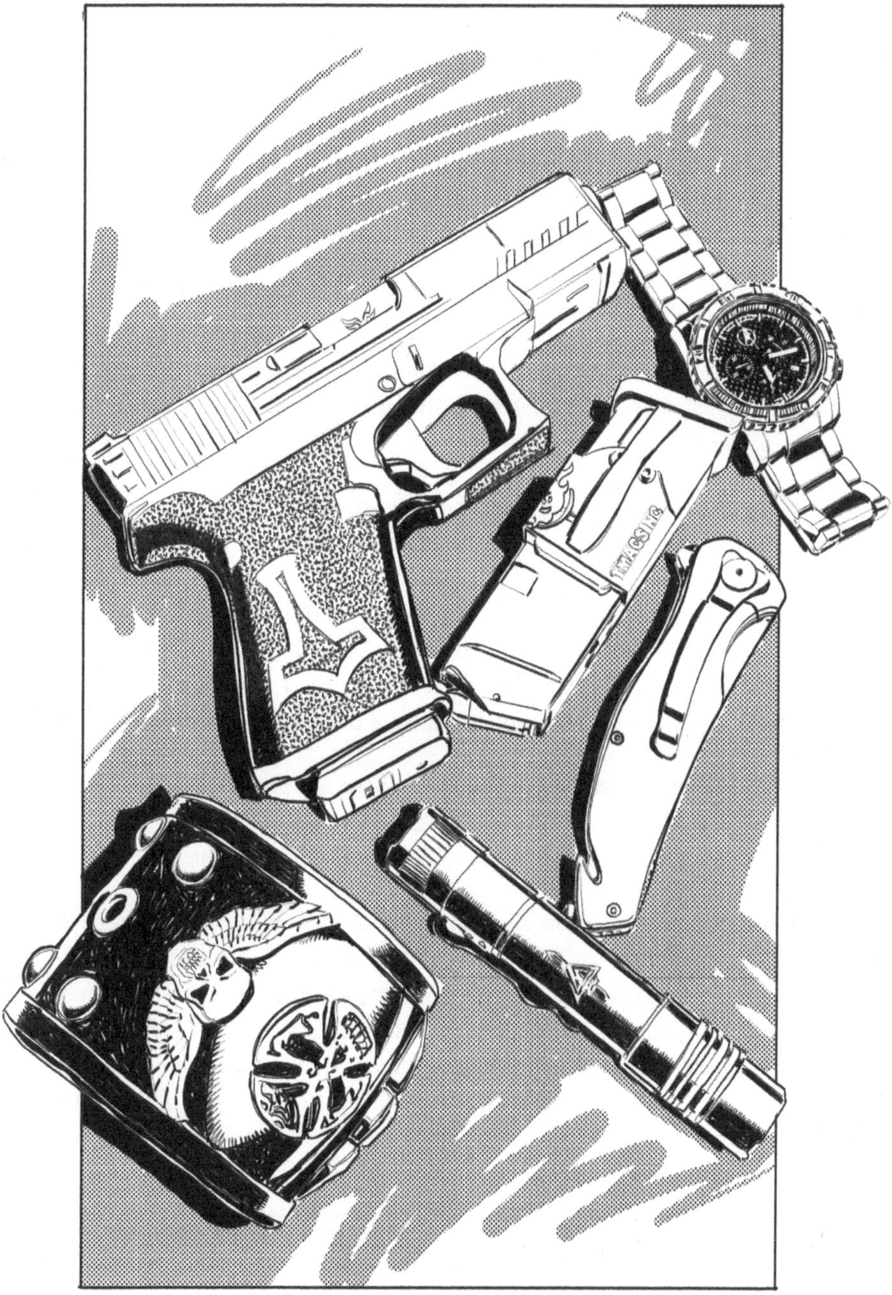

062 Taktische Täuschung

Situation: Täuschung dient oft dem persönlichen Vorteil oder Nutzen. Man kann durch falsche Informationen, Propaganda, Tricks, Ablenkung oder durch Unterschlagung getäuscht werden. Sie sollten Ihr wahres Können niemals zur Schau stellen. Verhalten Sie sich vielmehr so, als wollten Sie eine gefährliche Situation deeskalieren, statt den Anschein zu erwecken, dass Sie einen Kampf suchen.

Aufgabe: Ihre Kampfbereitschaft sollten Sie so kaschieren können, dass der Angreifer glaubt, Sie seien alles andere als bereit für eine gewalttätige Auseinandersetzung.

Ausführung: Es ist recht simpel: Ihre Körpersprache soll den anderen zeigen, dass Sie nichts Böses im Sinn haben. Von Weitem betrachtet erwecken Sie daher den Eindruck, dass Sie keinen Ärger wollen. Wenn Sie die Hände erhoben haben, um friedliche Absichten zu bekunden, ahnen die meisten nicht, dass Sie damit bewusst in Abwehrstellung sind und, falls nötig, zum Gegenschlag ausholen. So sollte auch Ihr Training aussehen, und nur so können Sie gewinnen. Niemand sonst weiß das oder wird es erahnen.

Hilfe und Unterstützung: Ein Schritt zur Seite ist eine Möglichkeit, könnte jedoch von einem kampferprobten Gegner als ein seitliches Angriffsmanöver gedeutet werden, sodass er Ihre Täuschung durchschaut.

Anweisung und Kontrolle: Bleiben Sie stets wachsam und denken Sie daran: Wo ein Schurke ist, können viele andere sein. Fixieren Sie nicht per Tunnelblick die Person, die direkt vor Ihnen steht, sondern verlieren Sie das Gesamtbild nicht aus den Augen. Nehmen Sie sich einen Moment Zeit, um sicherzustellen, dass sich Ihnen niemand von der Seite oder von hinten nähert, wenn Sie sich seitlich zum Gegner postieren. Eine Lageerfassung ist stets entscheidend, um eine gefährliche Situation mit Verbrechern zu überleben, und Sie wollen schließlich nicht überrumpelt werden, wenn die Schergen Ihres Gegners plötzlich hinter Ihnen auftauchen.

No. 062: TAKTISCHE TÄUSCHUNG

063 Die Eins-zwei-Kombination mit seitlicher Bewegung

Situation: Der Jab und der Cross wurden bereits ausführlich behandelt (Skills 007 und 008), daher werden wir hier nun zeigen, wie wichtig seitliche Bewegungen sind, während Sie Ihre Schlagkombinationen austeilen. Die meisten Kampfsportler, vor allem Boxer, meinen, sie könnten sich vor einer Kaskade von Schlägen, die auf sie einzuprasseln droht, dadurch retten, indem sie einen Schritt nach hinten machen. Indem man sich der Reichweite des Gegners entzieht, so glauben sie, könnten sie nicht mehr getroffen werden. Hier kommt nun das große Aber. Sobald der Gegner einen Schritt weiter vor macht und wieder in Reichweite ist, werden Sie erneut Schläge einstecken. Und so geht es immer weiter. Wenn Sie sich jedoch ein oder zwei Schritte zur Seite bewegen, steht der Angreifer gewissermaßen außerhalb Ihrer Linie, sodass er Sie nicht trifft. Statistisch gesehen ist es sicherer, seitlich dem Bösewicht auszuweichen, als Schläge abzuwehren, sich wegzudrehen oder zu ducken. Wenn Sie Ihren Feind umkreisen, egal von welcher Seite, haben Sie stets genügend Platz und verlieren nicht das Gleichgewicht. Ein Schritt zur Seite statt nach hinten ist insbesondere deshalb ein großer Vorteil, da Sie in Reichweite zum Gegner bleiben und selbst zuschlagen können. Wenn Sie ständig nach hinten hüpfen und der Abstand für Ihre Schläge zu groß ist, können Sie keine Konter austeilen.

Aufgabe: Zuschlagen und bewegen, bewegen und zuschlagen.

No. 063: DIE EINS-ZWEI-KOMBINATION MIT SEITLICHER BEWEGUNG

Ausführung: Versuchen Sie mit dem Jab, der kurzen Geraden, Ihre Reichweite zu ermessen, denn so erhöht sich die Wahrscheinlichkeit, dass Ihr nachfolgender Cross das Ziel, nämlich den Kiefer Ihres Gegners, auch trifft. Sowohl der Jab als auch der Cross werden schnell hintereinander verabreicht, wobei Sie sich nach jeder Schlagkombination nach rechts oder links bewegen. Das ultimative Ziel ist, mit den eigenen Schlägen Treffer zu landen, ohne selbst von gegnerischen Schlägen getroffen zu werden. Wenn Sie seitlich ausscheren, entfernen Sie sich immer von einer Hand Ihres Gegners, die Sie nicht mehr treffen kann, während Sie gleichzeitig auf die andere Hand Ihres Gegenübers zusteuern, die sich jetzt in einem ungünstigen Winkel befindet.

Hilfe und Unterstützung: Sie können Ihren Gegner in unterschiedlichen Stellungen umkreisen. Wenn Sie sich eher seitlich zu ihm postieren, bekommt er den Eindruck, Sie wären größer als er und stünden weiter entfernt. Stehen Sie ihm mit gespreizten Beinen gerade oder schräg gegenüber, während Sie um ihn herumtänzeln, könnte er meinen, Sie wären ihm räumlich näher und stellten eine größere Gefahr für ihn dar.

Anweisung und Kontrolle: Sich seitlich vom Gegner zu bewegen gilt in der Regel als Defensivtaktik, denn nachdem Sie ihm ihre Schläge verpasst haben, achten Sie bei Ihren Bewegungen darauf, dass Sie nicht von einem seiner Konter getroffen werden. Tatsächlich aber ist es ein wesentlicher Teil Ihres Angriffs, da Sie sich der Bewegungsabfolge Ihres Feinds bewusst sind und ihn zwingen, auf jede Ihrer Bewegungen zu reagieren.

064 Dem gegnerischen Körper einen Haken verpassen

Situation: Der Haken ist einer der rabiatesten Schläge in der Welt des Boxens. Er ist deshalb so effektiv, weil der Abstand zwischen dem Punkt, von dem Sie zuschlagen, und dem Ziel sehr kurz ist. Wird er richtig ausgeführt, hat der Haken eine große Wucht. Zielen Sie damit auf den Kopf oder den Körper, wenn zwischen Ihnen und dem Angreifer nur wenige Zentimeter liegen. Haken auf den Körper können dem Schuft für einen Moment den Wind aus den Segeln nehmen und sind besonders nützlich, wenn Sie es mit Schlägern zu tun bekommen, die einen Kiefer aus Stahl zu haben scheinen.

Aufgabe: Machen Sie dem Körper des Gegners den Garaus, dann ist auch sein Kopf reif fürs Krankenhaus.

Ausführung: Beugen Sie sich, wenn Sie den Schurken antäuschen, etwas vor oder machen Sie einen Schritt nach links, um Ihr Ziel besser sehen zu können, und bringen Sie Ihren Fuß in die richtige Position. Der Winkel, aus dem Ihr Schlag erfolgt, ist ähnlich wie beim zuvor erklärten Haken. Üben Sie, schräg nach oben zu schlagen und die Seite des Gegners mit den Knöcheln Ihrer Faust zu treffen. Auf diese Weise können Sie dem Brustkorb und den inneren Organen Ihres Kontrahenten erheblichen Schaden zufügen, wenn die Faust ihn aus einem nach oben gerichteten Winkel trifft. Ein solcher Schlag kann auch nach einer Eins-zwei-Kombination erfolgen.

Hilfe und Unterstützung: Einen Haken können Sie dem Bösewicht sowohl mit der linken als auch mit der rechten Hand verpassen, meist ist es jedoch ein linker Haken gegen den Körper. Denn damit treffen Sie die Leber, die Niere und die Rippen mit einem Schlag, wohingegen ein rechter Haken nur die andere Niere und die Rippen trifft.

No. 064: DEM GEGNERISCHEN KÖRPER EINEN HAKEN VERPASSEN

Anweisung und Kontrolle: Üben Sie im Training, den linken Haken aus verschiedenen Winkeln zu schlagen, und machen Sie beim Sparring das Gleiche, um zu sehen, ob es auch klappt. Achten Sie darauf, wie Ihr Trainingspartner die Schläge wegsteckt, um die Wirkung in verschiedenen Situationen einschätzen zu können. Die meisten machen sich keine Gedanken, mit welcher Technik man am besten zuschlägt, und das ist Ihre Chance, besser zu sein als der Rest.

065 Schlag in den Solarplexus

Situation: In engen Räumen wie Aufzügen und Treppenhäusern haben Sie oft nur begrenzte Möglichkeiten, Ihren Gegner außer Gefecht zu setzen. Für die meisten Schläge braucht man Platz, und wo man keinen Platz hat, muss man ihn manchmal erst schaffen. Mitunter müssen Sie jemanden von sich wegstoßen, um für den nötigen Abstand zu sorgen, um dem Schuft Ihre Faust spüren zu lassen. Oder Sie sehen sich gezwungen, zuerst zuzuschlagen, um sich Raum zu verschaffen, je nach Situation. Ich würde Ihnen gerne sagen, dass es kein Richtig oder Falsch gibt, doch in der Realität sieht es so aus, dass Sie entweder gewinnen oder verlieren werden – je nachdem, wie Sie sich entscheiden.

Aufgabe: Schaffen Sie Freiraum und nutzen Sie den Moment.

Ausführung: Wenn Sie einen Ihrer Arme zur Abwehr nutzen, um den bereits gegebenen Abstand einzuhalten, können Sie präziser und kräftiger zuschlagen. Wenden Sie Tony Blauers SPEER-Taktik an: Winkeln Sie den linken Arm um 90 Grad an, sodass der Ellbogen nach außen zeigt, die Finger sind dabei gespreizt. Drücken Sie mit dem Arm gegen die Brust des Angreifers, um ihn sich vom Leib zu halten, während Sie ihm mit der Rechten einen geraden, kräftigen Schlag in den Solar Plexus verpassen.

Hilfe und Unterstützung: Die Grundstellung Ihre Beine und Füße ist von entscheidender Bedeutung, um Kraft zu erzeugen und im Gleichgewicht zu bleiben. In einem engen Raum können Sie mithilfe der Wände einen aufrechten Stand beibehalten und trotzdem zuschlagen. Auch Wände lassen sich als taktische Hilfe gebrauchen, um gegen Ihren Angreifer vorzugehen.

No. 065: SCHLAG IN DEN SOLARPLEXUS

Anweisung und Kontrolle: Bleiben Sie während des gesamten Kampfes wachsam und konzentriert. Vergewissern Sie sich, dass Ihr Gegner nichts in den Händen hat, und vergessen Sie nicht, wo Sie Ihre Waffe tragen. In einem engen Raum, in dem Sie mit dem Angreifer wesentlich mehr auf Tuchfühlung gehen als auf der Straße, kann der Kampf extreme Ausmaße annehmen, da sich beide Beteiligte gefangen fühlen.

066 Teep gegen die Brust

Situation: Jeder Kämpfer weiß um die Bedeutung der Reichweite. Man muss sie abschätzen, gezielt einsetzen und sie zur Verteidigung und für den Angriff nutzen, und das alles innerhalb desselben Zeitfensters und bei derselben Gelegenheit. Falls Ihr Gegner größer ist als Sie oder gute Jabs landen kann, kommt es jetzt eventuell auf Ihre Beine an. Dann ist der *Muay Thai Push Kick*, auch bekannt als *Teep*, die beste Wahl, wenn Sie Ihren Gegner aus weiter Entfernung treffen wollen. Hierbei handelt es sich jedoch nicht um einen Vorwärtstritt im Karatestil. Der *Teep* ist ein Push-Kick, hinter dem viel Kraft sitzt, bei dem Sie mehr Standfestigkeit haben und mit gestrecktem Bein zutreten. Sie konzentrieren hierbei Ihr gesamtes Körpergewicht auf einen sehr kleinen Punkt.

Aufgabe: Stoppen Sie den Gegner, wenn er auf Sie zukommt.

Ausführung: Um den Tritt mit dem Vorderbein – das ist die schnellste und gebräuchlichste Variante – korrekt auszuführen, muss das Bein fast gerade angehoben werden, wobei das Knie leicht gebeugt ist und die Fußsohle in Richtung des Gegners zeigt. An diesem Punkt wird die Kraft dadurch erzeugt, dass die Hüfte ruckartig nach vorne prescht. Sie treten mit dem Fußballen oder auch mit der Ferse zu, aber nicht mit der gesamten Fußfläche.

Hilfe und Unterstützung: Mithilfe des frontalen *Muay Thai Push Kick* lässt sich ein aggressiver Gegner gut aufhalten und stoppen. Wenn Sie merken, dass Ihr Gegner auf Sie zustürmt und versucht, Ihnen zu nahe zu kommen, können Sie ihn mit mehreren schnellen *Teeps* auf Distanz halten. Auch wenn es nicht die stärkste Kampftechnik ist, so zeichnet sie sich doch durch das aus, was man umgangssprachlich als Mannstoppwirkung bezeichnet.

No. 066: TEEP GEGEN DIE BRUST

Anweisung und Kontrolle: Der Frontkick zielt auf unterschiedliche Körperteile ab, und jeder Tritt hat einen anderen Zweck. Wenn Sie sich von unten nach oben »vorarbeiten«, haben Sie mehrere geeignete Angriffspunkte. Der Oberschenkel des gegnerischen Beins, das Ihnen am nächsten ist, ist eine gute Wahl, wenn Sie den Angreifer aufhalten und ihn ins Wanken bringen wollen. Wird der Oberschenkel mit einem Push-Kick nach dem anderen malträtiert, gerät der Schuft aus dem Takt und Sie könnten zum Gegenangriff übergehen. Auch die Hüfte gibt ein gutes Ziel für Ihren Tritt ab, um ihn ins Wanken zu bringen. Man tritt mit den Füßen gemeinhin nicht gegen den Oberkörper und in den Bauch, sondern zielt eher auf die Brust. Wiederholte Tritte bereiten Ihrem Gegner jedoch Atemprobleme und nehmen ihm die Lust weiterzukämpfen.

067 Distanz schaffen und Waffe ziehen

Situation: Brutale oder tödliche Gewalt bedeutet, schwere körperliche Verletzungen davonzutragen beziehungsweise jemandem das Leben zu nehmen. In den meisten Rechtssystemen der Welt ist tödliche Gewalt nur unter extremen Bedingungen und als letzter Ausweg gerechtfertigt, wenn alle anderen Mittel versagt haben und nicht zielfördernd eingesetzt werden konnten. Die drei Voraussetzungen für die Anwendung tödlicher Gewalt zum Zwecke der Selbstverteidigung sind erstens die entsprechende Qualifikation, das heißt die Beherrschung der Kampftechniken. Zweitens kommt es auf die jeweilige Situation und drittens auf das damit verbundene Risiko an. Qualifikation bedeutet in diesem Kontext, die Fähigkeit oder die Mittel zu besitzen, um großen körperlichen Schaden anzurichten oder jemanden zu töten. Situation bedeutet, dass Ihr Gegner in der Lage ist, Ihnen gravierende körperliche Verletzungen zuzufügen oder Sie umzubringen. Risiko ist definiert als eine offensichtliche Bedrohung, bei der jemand schwer verletzt oder ebenfalls getötet werden kann. Es gibt keine goldene Regel, die für jede Situation gilt. Eines jedoch ist sicher: Wenn Sie jemanden töten müssen, gibt es kein Zurück mehr. Sie können die Kugel nicht zurück in die Waffe stecken. Seien Sie sich daher hundertprozentig sicher, dass Ihr Angreifer wirklich vorhat, Sie umzubringen, dass Flucht oder Rückzug unmöglich sind und dass er in diesem Fall damit rechnen muss, das Zeitliche zu segnen.

Aufgabe: Werden Sie nicht zum Mörder.

Ausführung: Was sich in den Händen Ihres Gegners befindet, wird höchstwahrscheinlich bestimmen, wie Sie reagieren. Hat er ein Messer oder eine Pistole, dann sollten Sie es ihm besser nachtun oder ihm von vornherein überlegen sein, um zu überleben. Sollten Sie sich während des Kämpfens mit ihm verheddert haben und eine Waffe sehen, verschaffen Sie sich Platz,

No. 067: DISTANZ SCHAFFEN UND WAFFE ZIEHEN

um Zeit zu gewinnen, denn Zeit bietet Ihnen mehrere Möglichkeiten. Dazu kann gehören, dass Sie Boden gewinnen, indem Sie davonlaufen. Eine andere Option wäre, den Angreifer zu töten. Solche Situationen sind heikel und kompliziert, doch wenn Sie wissen, wie und wann Sie sich absetzen und wann Sie zu anderen Mitteln greifen müssen, werden Sie entsprechend reagieren.

Hilfe und Unterstützung: Das Ziehen der Waffe zu trainieren ist genauso wichtig wie das Schießen. Das Letzte, was Sie wollen, ist, Ihre Waffe hervorzuziehen und das Holster am Ende des Laufs hängen zu haben. Sie müssen das Ziehen regelmäßig üben und zugleich ein präziser Schütze sein. Als Anfänger sollten Sie das Ziehen aus verschiedenen Positionen von der Gürtellinie aus üben, um herauszufinden, was für Sie am besten funktioniert. Wenn Sie Ihre Waffe verdeckt tragen, gibt es viele Aspekte zu berücksichtigen. Probieren Sie einfach alles einmal aus, um herauszufinden, was für Sie am praktikabelsten ist. Unabhängig davon, welches Holster Sie wählen oder wo Sie Ihre Waffe tragen, müssen Sie üben, um bei tödlicher Gefahr zu überleben.

Anweisung und Kontrolle: Wenn Sie sich absetzen oder fliehen wollen, können laute Befehle, die Sie dem Angreifer zurufen, sehr nützlich sein, um sich in Sicherheit zu bringen und unversehrt zu bleiben. Holt ein Gegner ein Messer oder eine Pistole hervor und Sie ihm daraufhin zu verstehen geben, dass Sie ebenfalls bewaffnet sind und sich nicht scheuen, auch Gebrauch von Ihrer Waffe zu machen, kann das die Situation deeskalieren, ohne dass Sie einen Schuss abfeuern müssen. Schreien Sie ihn laut an und sorgen Sie dafür, dass alle Sie hören können. Unbeteiligte sind potenzielle Zeugen und können darüber entscheiden, ob Sie den Rest Ihres Lebens im Gefängnis verbringen. Sie werden für die Leute, die eventuell umherstehen und Sie mit ihren Handys filmen, leider etwas übertrieben handeln müssen. Aber genau dann werden Sie wahrscheinlich die richtigen Entscheidungen treffen. Heutzutage hat jeder ein Handy mit integrierter Kamera, und wenn Sie stets davon ausgehen, dass jemand Sie beobachtet, Ihnen zuhört und filmt, was Sie tun und sagen, werden Sie zwangsläufig bessere Entscheidungen treffen.

DER HARTE KERL

LOVELL, JOHN

Codename: Poet
Grundlegende Skills: Verdecktes Tragen von Waffen, Ein-Mann-Räumungstaktik, Nachtsicht, Kämpfermentalität
Weiterführende Skills: Kampfkunst, Rettungssanitäter, Vaterwitze

Hintergrund: John Lovell gründete die Warrior Poet Society, eine Organisation, die Zivilisten, Strafverfolgungsbeamten und Militärangehörigen taktisches Training anbietet. John Lovells Trainingsaktivitäten reichen vom richtigen Umgang mit Pistolen und Gewehren bis hin zum Einsatz von Nachtsichtgeräten für taktisch vorgehende Teams sowie Raumerstürmungen. Durch seine Zeit als Soldat bei Spezialoperationen im 2. Ranger-Bataillon des 75. Ranger-Regiments und seine fünf Einsätze im Irak und in Afghanistan verfügt er über praktische Kenntnisse im Kampf mit Waffen. Johns Erfahrungen im Ringen, brasilianischen Jiu-Jitsu und Krav Maga haben ihn zu einem routinierten Kampfsportler gemacht. Außerdem hat er eine Zusatzausbildung als Rettungssanitäter. Das Lernen ist Johns große Leidenschaft und brachte ihm den inoffiziellen Titel eines Krieger-Philosophen ein, denn er betont, wie wichtig es ist, dass man beim Kämpfen immer geschickter wird und auch hierbei das Denken eine große Rolle spielt. In den vergangenen sieben Jahren hat er sich vor allem auf die Probleme konzentriert, die das verdeckte Tragen einer Waffe mit sich bringt, und Zivilisten geholfen, wie man sich gegen Räuber, die einen hinterrücks überfallen, zur Wehr setzt. John möchte die Gesinnung des Krieger-Poeten an seine schnell wachsende Fangemeinde, die mehr als 1 Million Menschen umfasst, weitergeben. Dieses Ethos ermutigt die Menschen, im Krieg wie im Leben zu gewinnen, indem sie für ein höheres Ziel leben und bereit sind, sich zur Verteidigung anderer zu opfern. John lebt derzeit mit seiner Frau und zwei Kindern in Georgia.

MAO ZEDONG

DER FEIND

Hintergrund: In dem Versuch, wieder die Macht über China zu erlangen, rief Mao 1966 die Kulturrevolution aus, um das Land von »unreinen« Elementen zu säubern und den revolutionären Geist wiederzubeleben. Dabei starben 1,5 Millionen Menschen und ein Großteil des kulturellen Erbes des Landes wurde zerstört. Im September 1967, als viele Städte am Rande der Anarchie standen, beauftragte Mao die Armee, die Ordnung wiederherzustellen.

068 Die LKG-Kombination (Leiste, Kehle, Gesicht)

Situation: Das Ziel eines jeden Kampfes ist es, ihn so schnell wie möglich zu beenden. Schließlich wollen Sie sich nicht unnötig in einer gefährlichen Lage befinden, um herauszufinden, welche Fähigkeiten Ihr Angreifer noch hat. Teilen Sie schon früh im Kampf einige wirkungsvolle Schlagkombinationen aus, damit Sie gewinnen und Ihres Weges gehen können, ohne sich mit irgendetwas anderem beschäftigen zu müssen. Gehen Sie stets davon aus, dass dort »wo ein Schurke ist, noch viele andere sind«. Ergreifen Sie also lieber früher als später die richtigen Maßnahmen, denn hinterher ist es vielleicht zu spät, wenn Sie überfordert sind. Sie sollten immer die Hände hochheben, um zu zeigen, dass von Ihnen keine Gefahr ausgeht. In Wirklichkeit wiegen Sie den Gegner damit nur in falscher Sicherheit, damit Sie tun können, was getan werden muss.

Aufgabe: Treten Sie Ihrem Gegner permanent in den Hintern.

Ausführung: Führen Sie den Front-Kick so schnell wie möglich aus, damit Sie schnell wieder Ihre Ausgangsposition einnehmen können. Jedes Mal, wenn Sie zutreten, stehen Sie für einen kurzen Moment nur auf einem Bein. Damit begeben Sie sich womöglich in eine gefährliche Lage, denn Sie können zu Boden geworfen oder aus dem Gleichgewicht gebracht werden. Treten Sie also zu, aber platzieren Sie Ihr Bein möglichst schnell wieder auf den Boden. Nehmen Sie abermals einen festen und sicheren Stand ein, ähnlich wie im Kampfsport. Ein Handballenschlag gegen die Kehle kann sehr wirkungsvoll und sogar tödlich sein, doch wenn Ihr eigenes Leben auf dem Spiel steht, müssen Sie halt alle Ihnen zur Verfügung stehenden Techniken einsetzen, um zu überleben. Wenn Sie hart genug zuschlagen, sind die Atemwege des Bösewichts vielleicht durch zerquetschte Knorpel und/oder durch das verletzte Zungenbein blockiert. Selbst der leichteste Schlag gegen die Kehle kann dazu führen, dass jemand glaubt, er würde ersticken.

No. 068: DIE LKG-KOMBINATION (LEISTE, KEHLE, GESICHT)

Es gibt viele Möglichkeiten, mit dem Ellbogen zuzuschlagen, aber die einfachste ist, sich mit dem Daumen des Schlagarms an der Brust zu verankern und sich mit der Schulter zu drehen. Eine Drehung des Oberkörpers und der Hüfte verleiht dem Schlag noch mehr Wucht.

Hilfe und Unterstützung: Bleiben Sie immer auf der Hut. Schnelle Schläge sind wichtig, um den Gegner zu überwältigen.

Anweisung und Kontrolle: Die LKG-Kombination zu beherrschen ist entscheidend. Behalten Sie die Situation im Auge, um Überraschungen zu vermeiden. Verlassen Sie sich nicht nur auf eine einzige Schlagkombination. Überlegen Sie, wie Sie sich bewegen und welche anderen Schläge Sie kombinieren könnten, und üben Sie das als Teil Ihres regelmäßigen Trainings. Im Idealfall sind diese Bewegungsabläufe bereits in Ihrem Muskelgedächtnis gespeichert.

069 Double-Leg Takedown

Situation: Der Double-Leg Takedown hat viele Varianten, aber letztlich geht es darum, den Gegner schnell von den Füßen auf den Rücken zu bekommen. In einem Kampf auf der Straße sollten Sie niemals zu Boden gehen, denn hier könnten Sie von dem Angreifer oder dessen Kumpel ins Gesicht getreten werden. Je nach Situation ist das manchmal jedoch eine sehr gute Alternative zum Sterben.

Aufgabe: Gehen Sie niemals zu Boden.

Ausführung: Der Double-Leg Takedown ist eine grundlegende Technik, mit der Sie beide Beine Ihres Gegners auf einmal mit einem wuchtigen Schlag angreifen und ihn zu Boden bringen. Zum Takedown gehört, dass Sie einen Schritt mit einem Fuß zwischen die Füße Ihres Gegners machen und Ihre Arme um seine Knie legen. Während Sie mit dem hinteren Fuß nach vorne kommen, drücken Sie Ihren Gegner zu Boden. Halten Sie beim Double-Leg Takedown Ihren Kopf nach oben und Ihr Ohr dicht am Gegner.

Liegt der Bösewicht auf dem Rücken, ist er noch nicht kampfunfähig. Bleiben Sie auf ihm sitzen und prügeln Sie auf sein Gesicht ein. Checken Sie Ihre unmittelbare Umgebung und seien Sie bereit für einen eventuellen weiteren Kampf. Wenn es keine weiteren Angreifer gibt, steigen Sie von Ihrem Gegner ab und verlassen die Gegend so schnell wie möglich.

Hilfe und Unterstützung: Ein Single-Leg Takedown ist eine Angriffstechnik, die von Ringern aller Klassen angewendet wird. Wird er schnell ausgeführt, kann er den Feind innerhalb von Sekunden auf den Rücken werfen. Bei einem Single-Leg Takedown greifen Sie nur ein Bein des Schurken an und drücken mit Ihrem Kopf gegen die Innenseite dieses Beins.

No. 069: DOUBLE-LEG TAKEDOWN

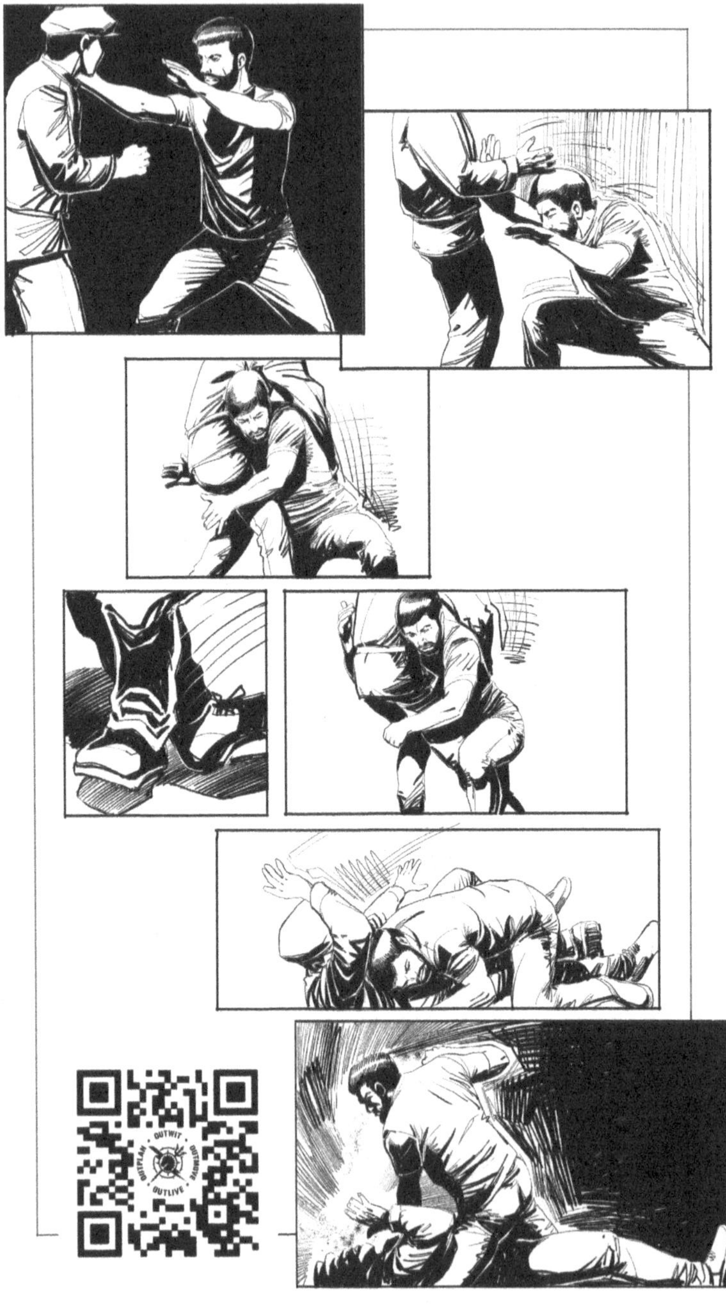

Anweisung und Kontrolle: Seien Sie darauf vorbereitet, Ihren Double-Leg Takedown notfalls in einen Single-Leg Takedown umzuwandeln. Sobald Sie in einem Kampf Körperkontakt mit jemandem haben, kann sich das Geschehen blitzschnell ändern. So kann es passieren, dass Sie nicht beide Beine zu fassen bekommen, weil Ihr Griff vielleicht zu locker ist oder aber Sie mit den Händen abrutschen, dann haben Sie nur noch ein Bein unter Kontrolle. Aber das ist okay, solange Sie wissen, was Sie bei einem Double-Leg Takedown und einem Single-Leg Takedown zu tun haben; dann ist der Wechsel von dem einen zum anderen keine große Sache. Machen Sie sich am besten mit beiden Techniken vertraut, denn das Kampfgeschehen oder der Gegner lassen Ihnen vielleicht keine andere Wahl.

070 Den Rücken des Gegners unter Kontrolle bekommen

Situation: Wenn man in einem Straßenkampf nicht mit dem ersten Schlag triumphiert, wird man wahrscheinlich auf dem Boden landen. Bei einem Kampf auf der Straße, so heißt es, finden 70 Prozent aller Raufereien auf dem Boden statt. Meistens wendet jemand eine bestimmte MMA-Technik an oder bringt sein Gegenüber mit einem gekonnten Ringerwurf zu Fall, der beide Kämpfer zu Boden bringt. Das zeigt, dass man mit Bodentaktiken erfolgreich sein kann, und derjenige, der zuerst damit angefangen hat, gewinnt dabei fast immer oder verliert zumindest nicht. Kämpfen Frauen gegeneinander, werden 90 Prozent der Auseinandersetzungen am Boden ausgetragen. Das liegt vermutlich daran, dass Frauen sich umklammern oder sich an den Haaren reißen, wenn sie kämpfen.

Aufgabe: Setzen Sie sich auf den Gegner und bleiben Sie dort sitzen.

Ausführung: Nutzen Sie Ihre Kampfkunsttechniken oder greifen Sie mit den Händen zu, um im Nahkampf zu gewinnen. Wenn Sie mit dem Schuft auf dem Boden kämpfen, versuchen Sie, sich auf ihn zu setzen. Und sobald Sie ihn mit Hammerfäusten weichgeprügelt haben, machen Sie Folgendes:

1. Schieben Sie einen seiner Ellbogen über sein Gesicht und legen Sie sich auf ihn.
2. Legen Sie einen Ihrer Arme hinter seinen Kopf und drücken Sie das Handgelenk des eingeklemmten Arms in Ihre Hand, die sich hinter seinem Kopf befindet.
3. Ziehen Sie das Handgelenk unter den Kopf, während Sie ihn mithilfe seines Ellbogens in dieselbe Richtung drehen.
4. Erheben Sie sich etwas von dem Schurken, indem Sie sich auf ein Knie abstützen, damit Sie genug Platz haben, um ihn umzudrehen.

No. 070: DEN RÜCKEN DES GEGNERS UNTER KONTROLLE BEKOMMEN

Hilfe und Unterstützung: Lernen Sie, wie man richtig zugreift, um Ihren Gegner zu Boden zu bringen und sich auf ihn zu setzen. Sollte es Ihnen nicht gelingen, auf ihm sitzen zu bleiben, schützen Sie sich in irgendeiner Form vor ihm, um Verletzungen zu vermeiden, und finden Sie einen Weg, sich wieder auf ihn zu setzen.

Anweisung und Kontrolle: Bodenkämpfe müssen Sie einplanen. Wenn Sie den Bösewicht zu fassen bekommen, verschafft Ihnen das zunächst einen Vorteil, aber Sie machen sich auch anfällig für Angriffe durch andere Schläger. Während Sie sich im Kampf abmühen, bekommen Sie nicht unbedingt mit, wer sich mit einem Baseballschläger seitlich an Sie heranschleicht. Wenn Ihr Gegner vor dem Kampf nicht allein unterwegs war, werden sich seine Kumpel wahrscheinlich bald einmischen. Liegen Sie erst einmal auf dem Boden, ist es schwierig, sich von dem Schurken zu lösen und auf neue Gefahren zu reagieren.

071 Würgegriff von hinten mit nacktem Arm

Situation: Bevor wir den einarmigen nackten Würgegriff von hinten (WG) besprechen, müssen wir den nackten Drosselgriff (DG) von hinten verstehen. Dieser sorgt dafür, dass der Gegner bewusstlos wird, wenn Sie Druck auf seine Halsschlagader ausüben. Im Jiu-Jitsu und Ringen trägt man einen *Gi* (Kampfsportanzug) oder andere Kleidung, um Würgegriffe anzuwenden, die die Luftzufuhr und die Durchblutung unterbrechen. Das Wort »nackt« bedeutet in diesem Zusammenhang, dass keine Kleidung erforderlich ist, um den Gegner ohnmächtig zu machen.

Aufgabe: Schicken Sie den Schuft ins Reich der Träume.

Ausführung: Beim einarmigen nackten Würgegriff von hinten kommen neben Ihrem Arm auch Ihr Hals zum Einsatz. Der Arm, mit dem Sie Ihren Gegner würgen, legt sich genauso um seinen Hals wie beim nackten Drosselgriff, nur mit dem kleinen Unterschied, dass Sie die Hand Ihres zupackenden Arms um Ihren Nacken legen. Dadurch bleibt Ihr anderer Arm frei, um nach einem Gegenstand zu greifen, den Sie als Waffe benutzen können, oder Ihre eigene Waffe zu ziehen, mit der Sie andere Angreifer in Schach halten können.

Hilfe und Unterstützung: Bei einem normalen Drosselgriff von hinten umschlingen Sie den Hals des Übeltäters mit einem Arm und platzieren die Ellenbeuge direkt unter sein Kinn. Mit der Hand desselben Arms umfassen Sie Ihren gegenüberliegenden Bizeps, während sich die andere Hand hinter dem Kopf des Gegners befindet. Indem Sie nun Ihren Arm, der um dem Hals des Schurken liegt, anspannen und Gegendruck auf sein Hinterkopf ausüben, klemmen Sie ihm die Halsschlagadern ab, die das Gehirn mit Sauerstoff versorgen. Als Folge dessen wird der Schuft ohnmächtig.

No. 071: WÜRGEGRIFF VON HINTEN MIT NACKTEM ARM

Anweisung und Kontrolle: Um diesen Drosselgriff anzuwenden, müssen Sie sich natürlich hinter Ihrem Gegner befinden. Ob Sie nun stehen oder ob Ihr Feind Ihnen im Kampf den Rücken zukehrt, es ist ein hervorragender Griff, um den Kampf zu beenden. Wenn Sie ihn erst einmal gepackt haben, halten Sie ihn so lange fest, bis er ohnmächtig wird. Denken Sie daran, dass Sie jemanden töten können, wenn Sie ihn zu lange würgen. Sie sollten niemals jemanden verletzen oder töten, sondern den Angreifer lange genug außer Gefecht setzen, damit Sie loslaufen und die Polizei verständigen können.

072 Nachgiebigkeit vortäuschen

Situation: Auch wenn es beängstigend klingt: Ist eine Waffe aus nächster Nähe auf Sie gerichtet, ist das immer noch besser, als zielte jemand aus großer Entfernung auf Sie. Denn je näher die Waffe, desto größer die Chancen, ihrer habhaft zu werden. Wie viele andere Experten meint auch John, dass es besser sei, den Gegner glauben zu machen, Sie würden sich ihm fügen. Mit anderen Worten: Man täuscht den Angreifer, indem man sich verhält, als gäbe man sich geschlagen, während Sie sich bereit machen, den Kampf für sich zu entscheiden.

Aufgabe: Geben Sie niemals auf, es sei denn, um Ihren Gegner zu täuschen.

Ausführung: Die Pistole des Verbrechers unter Kontrolle zu bekommen ist der wesentliche Aspekt dieser Taktik. Wenn es Ihnen gelingt, den Lauf nach oben zu lenken, können Sie Ihr Leben retten und behalten die Oberhand über den Bösewicht. Auch wenn er die Pistole weiterhin im Griff hat, ist das so übel nicht, denn dadurch ist er zumindest mit einer Hand beschäftigt. Behalten Sie seine Hand und seinen Arm im Auge, drücken Sie sich gegen ihn und ziehen Sie gleichzeitig mit der anderen Hand Ihre Pistole. Halten Sie die Waffe seitlich zu Ihrem Körper und richten Sie sie auf das Becken des Gegners. Denn das Becken ist eine große knöcherne Schale, in der die Kugel abprallen und lebenswichtige Arterien und Venen zerfetzen kann, und somit sackt der Schurke an Ort und Stelle in sich zusammen.

No. 072: NACHGIEBIGKEIT VORTÄUSCHEN

Hilfe und Unterstützung: Zugegeben, in solchen Situationen gibt es nicht viel zu überlegen. Sie können nur das beeinflussen, was Sie sehen, wie Sie Ihre Waffe ziehen, wenn Sie unter Druck stehen, und wie Sie den Gegner in unmittelbarer Nähe angreifen. Bei einer Schlägerei ist es wichtig, nicht sofort die Pistole zu ziehen, schließlich wollen Sie nicht gleich jemanden töten. Und in einem Nahkampf könnten Sie sich versehentlich ins Bein oder in den Fuß schießen.

Anweisung und Kontrolle: John schreit seine Angreifer an, um sie kurzzeitig zu verwirren, etwa: »Selbe Seite, selbe Seite! Wir sind auf derselben Seite!« Manchmal dient die verbale Äußerung nur als Täuschung, wenn man am Gegner vorbeischaut und sagt: »Gott sei Dank, die Polizei ist da!« Was auch immer Sie sagen, das Ziel ist stets, den Täter für eine Millisekunde abzulenken, damit Sie die Oberhand gewinnen können.

073 Einen Hinterhalt überleben

Situation: In Unterzahl zu sein ist nie gut. Sollte das einmal der Fall sein, suchen Sie so schnell wie möglich das Weite. Leider gibt es Situationen, die das nicht zulassen. Seien wir ehrlich: Bösewichte wollen böse sein, und Sie zu töten mag nur ein Teil ihres Plans sein. Schätzen Sie die Lage realistisch ein und lassen Sie sich etwas einfallen. Denken Sie schnell darüber nach, wie Sie aus einer anscheinend ausweglosen Situation herauskommen. Es gibt nur sehr wenige Situationen, in denen es okay ist, eine verdeckte Waffe zu ziehen und damit herumzufuchteln. Wenn Sie um eine Ecke gehen und plötzlich drei bewaffnete Männer vor sich haben, sind Sie bereits im Nachteil. Das Ziehen Ihrer Waffe wäre dann ein kurzer und zum Scheitern verurteilter Versuch, da Sie von Anfang an in Unterzahl sind und keine Möglichkeit haben, Ihre Waffe zu benutzen. Sie haben wesentlich bessere Überlebenschancen, wenn Sie vortäuschen, Sie würden sich den Gangstern fügen und versuchen, die Situation zu deeskalieren. Insgeheim müssen Sie sich jedoch bereithalten, schnell und entschlossen zu handeln, wenn sich keine andere Möglichkeit bietet.

Aufgabe: Bringen Sie sich gar nicht erst in eine solche Situation.

Ausführung: Das Ziehen der Waffe und das Abfeuern des ersten Schusses kann rechtliche Konsequenzen nach sich ziehen. Da Sie jedoch einer Bedrohung ausgesetzt waren, in der mehrere Waffen auf Sie gerichtet wurden, stehen die Chancen gut, dass Sie vor Gericht glimpflich davonkommen, sofern Sie das Glück hatten, die Gefahr zu überleben. Heutzutage muss man stets die rechtlichen Folgen seines Handelns abwägen, bevor man agiert. Sobald Sie geschossen und sich in Deckung begeben haben, sollten Sie die Lage so gut wie möglich im Auge behalten. Lassen Sie den Kopf unten und schätzen Sie Ihre Situation stets neu ein, indem Sie in Gedanken eine Checkliste durchgehen. Stellen Sie sicher, dass:

No. 073: EINEN HINTERHALT ÜBERLEBEN

1. Sie eine gute Deckung haben, sodass Sie nicht von den Kugeln getroffen werden können und dass sich keine Zivilisten im Hintergrund befinden;
2. sich keiner von hinten an Sie heranschleicht;
3. Sie bereit sind, sich gegen alle unmittelbaren Bedrohungen zu wehren;
4. Sie sich nach dem nächstgelegenen Fluchtweg umschauen.

Es ist nicht Ihr Ziel, vor Ort zu bleiben und ein Feuergefecht zu führen, sondern nur so oft zu schießen, dass Sie sich aus dem Staub machen können.

Hilfe und Unterstützung: Als Deckung gilt jedes Objekt, das Kugeln aufhalten kann. Ein Versteck ist etwas, das Sie verdeckt, aber nicht unbedingt Kugeln aufhält. Seien Sie sich stets der Feuerkraft bewusst, mit der man es auf Sie abgesehen hat. Werden Sie beispielsweise von einem Straßenräuber mit einer kleinkalibrigen Pistole bedroht, benötigen Sie eine andere Deckung, als wenn Sie es mit Mitgliedern eines mexikanischen Drogenkartells zu tun haben, die mit Kalaschnikows bewaffnet sind. Eine hohle Ziegelmauer schützt Sie vielleicht vor einer Pistole mit geringer Durchschlagskraft, sieht aber aus wie Schweizer Käse, wenn sie von den Kugeln einer Kalaschnikow getroffen wird. Ebenso wenig bietet eine ungepanzerte Autotür angemessenen Schutz. Die meisten Pistolenkugeln durchdringen eine Autotür und töten jeden, der sich dahinter befindet. Ein Gewehrschuss durchschlägt wahrscheinlich gleich beide Seiten des Wagens. Vergessen Sie, was Sie im Fernsehen und in Filmen gesehen haben – vermeiden Sie, irgendeinen Teil eines Autos als Deckung zu nutzen, es sei denn, Sie wollen wie ein Sieb durchlöchert werden.

Anweisung und Kontrolle: Um für gleiche Verhältnisse zu sorgen, müssen Sie möglicherweise signalisieren, dass Sie bewaffnet und bereit sind, Ihre Waffe zu benutzen. Das könnte zum Beispiel dadurch geschehen, dass Sie die Angreifer deutlich Ihre Waffe sehen lassen, um die Bösewichte zu irritieren, während Sie sich in Deckung begeben. Ihre Gegner werden dann wahrscheinlich selbst Deckung suchen und sich verstecken, wenn sie glauben, dass Sie zurückschießen könnten. Jeder will ein Held sein, doch niemand will bluten. Auch wenn die Angreifer nur für einen kurzen Moment unaufmerksam sind, könnte das ausreichen, damit Sie flüchten können.

RASO, DOM

DER HARTE KERL

Codename: Spartan
Grundlegende Skills: Training von Kampfsportarten und Taktiken mit bewusst klein gehaltener Anzahl von Fertigkeiten
Weiterführende Skills: Entwurf und Entwicklung von Spezialkleidung und Ausrüstung

Hintergrund: Dom Raso ist Chief Special Operator (SEAL) mit zwölf Jahren Kampferfahrung im aktiven Dienst. Er hatte in seiner außergewöhnlichen Karriere das Privileg, Hunderte von Missionen auszuführen. Nach seinem Ausscheiden aus dem Militär gründete er Dynamis Alliance, ein Unternehmen, das sich der Entwicklung von erstklassiger Ausrüstung, Bekleidung und Trainingsmethoden für den modernen Kämpfer widmet. *Dynamis* ist ein griechisches Wort und bedeutet »der Wille zu kämpfen«. Diese Einstellung wurde durch Doms Erfahrungen vor, während und nach seiner Militärkarriere geprägt und er möchte sie mit der Welt teilen. Jede Herausforderung, jedes Hindernis, jede Widrigkeit und jeder Triumph erfordert »den Willen zu kämpfen« und eine »Alles plattmachen«-Einstellung.

Dom ist ein Kämpfer für Christus, ein liebevoller Ehemann und Vater von vier Kindern. Seine Leidenschaft ist es, anderen zu helfen, damit sie die beste Version von sich selbst werden, indem er sie nicht nur motiviert und mental konditioniert, sondern ihnen auch entsprechendes körperliches Training und die beste verfügbare Ausrüstung und Kleidung bietet. Doms Training ist für jeden zugänglich, der sich verbessern und seine Fähigkeiten ausbauen möchte. Für Dom war es eine Freude, mit einem breiten Publikum zu arbeiten, von professionellen Sportteams und Athleten (einschließlich der New England Patriots) bis hin zu Geschäftsführern, Ersthelfern und Hausfrauen. Und oft sagt er: »Man ist nur so gut wie sein letzter taktischer Zug.«

BASHAR AL-ASSAD

DER FEIND

Hintergrund: Das Assad-Regime hat chemische Waffen (Chlorgas) gegen Zivilisten eingesetzt, Menschen gefoltert und getötet, ohne dass sie vor Gericht gestanden haben. Assad hat »wahllose und unverhältnismäßige Luftangriffe und Bombardierungen« befohlen, die »zu massenhaften Opfern unter der Zivilbevölkerung geführt und Terror verbreitet haben«.

074 Doms Alltagsausrüstung

Die meisten Menschen, die heute in einer relativ friedlichen Gesellschaft leben, sind eher unbedarft und gehen davon aus, dass das Schlimmste, was passieren kann, ein verpasster Termin, ein Strafzettel oder ein Familienstreit ist. Sie stehen auf festem Boden. Das einzige Risiko, das ein Samstagabendfilm oder ein Fußballspiel mit sich bringt, besteht darin, dass das neueste Superheldenabenteuer enttäuschend ist oder dass die Lieblingsmannschaft verliert. Doch wie wir wissen, sind auch die hochentwickelten Zentren unserer Städte nicht gefeit gegen Gefahren oder die unvorhersehbaren und bedrohlichen Schurken, deren finstere Pläne die engsten Freunde und Familien nicht unbedingt mitbekommen. Dom ist durch seine Alltagsausrüstung zweifellos bereit, es mit solch üblen Gewalttätern aufzunehmen.

1. Dynamis Alliance Glock 19, Holster
2. Glock 19, Pistole
3. Dynamis Razorback, Klinge
4. Gatorz, Sonnenbrille
5. Dynamis Combat Flathead (Universalwerkzeug zum Stechen, Schrauben und dergleichen)
6. Dynamis-Stulpenhandschuhe
7. Dynamis-LoPro-Gürtel
8. Dynamis-Magazintasche

No. 074: DOMS ALLTAGSAUSRÜSTUNG

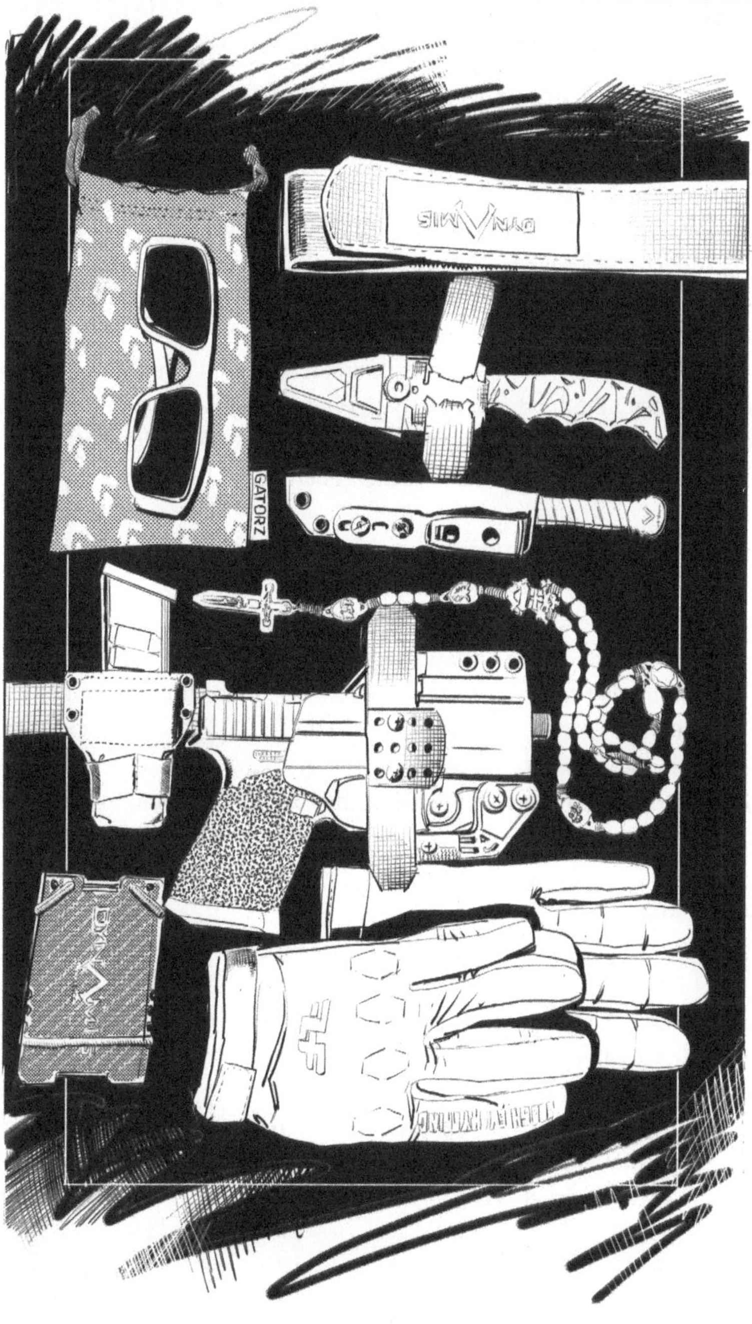

075 Chin Jab Flow (Abfolge von Handballenschlägen aufs Kinn)

Situation: Um eine potenziell gewalttätige Situation deeskalieren zu können, sollte zunächst geklärt sein, was unter dem Begriff Eskalation zu verstehen ist. Kurz gesagt, die Art und Weise, wie intensiv eine Auseinandersetzung geführt wird, kann in größerem oder kleinerem Maße eskalieren. Die Intensität eines Kampfes kann durch Interaktionen und Reaktionen, äußere Einwirkungen und durch die Anzahl der beteiligten Personen, die sich vergrößern oder verkleinern kann, verändert werden. Diese Indikatoren bestimmen auch unsere Deeskalationsmethoden, die Folgendes umfassen:

1. Bleiben Sie ruhig und gelassen (signalisieren Sie das sowohl verbal als auch durch Ihre Körpersprache).
2. Machen Sie klar, dass von Ihnen keinerlei Bedrohung ausgeht.
3. Versuchen Sie, der Situation zu entkommen.
4. Wenn alles andere versagt: mehrere Chin Jabs hintereinander austeilen.

Aufgabe: Die Situation so lange versuchen zu deeskalieren, bis nur noch Gewalt hilft.

Ausführung:

1. Eine gewaltfreie Haltung einnehmen und beibehalten.
2. Vergewissern Sie sich, dass Ihr Gewicht in der Ausgangsposition gleichmäßig auf Ihren Füßen verteilt ist und dass Sie sich in jede Richtung bewegen können.
3. Kommt Ihnen der Angreifer zu nah, nachdem Sie auf ihn eingeredet haben, oder wird er merklich aggressiver, beenden Sie den Kampf so schnell wie möglich.

No. 075: CHIN JAB FLOW (ABFOLGE VON HANDBALLENSCHLÄGEN AUFS KINN)

Umfassen Sie mit Ihrer freien Hand den Oberarm des Angreifers in Trizepshöhe und ziehen Sie den Arm zu sich, während Sie ihm gleichzeitig mit dem Handballen einen festen Schlag auf sein Kinn verpassen, das erhöht deutlich Ihre Schlagkraft. Indem Sie ihn am Arm packen, haben Sie den Feind außerdem unter Kontrolle, und er kann diesen Arm nicht gegen Sie einsetzen.

Hilfe und Unterstützung: Wie bei vielen Schlagkombinationen ist es besser, jede Bewegung einzeln zu trainieren. Seien Sie sich im Klaren darüber, dass sich die Reihenfolge der Kombinationen jederzeit ändern kann, es kommt stets auf die jeweilige Situation an. Trainieren Sie Ihre grobmotorischen Skills beim Zuschlagen, bis Sie, unabhängig von der Reihenfolge der Schlagkombination, instinktiv auf einen potenziellen Gegner eindreschen können, je nachdem, wie es die Situation verlangt.

Anweisung und Kontrolle: OODA (Observe, Orientate, Decide and Act): beobachten, orientieren, entscheiden und handeln. Die OODA-Methode wurde von John Boyd, einem Kampfpiloten der Air Force, entwickelt und soll es Ihnen ermöglichen, sich in den Gegner hineinzuversetzen, um ihn auszumanövrieren und den Kampf zu gewinnen. Wenn Sie zum ersten Mal in eine gefährliche Situation hineingeraten, verschaffen Sie sich einen schnellen Überblick über die Umgebung, filtern die Informationen, um sich in der Situation zurechtzufinden, treffen die nötigen Entscheidungen und setzen diese schnellstmöglich um.

076 Waffe ziehen und den Überblick behalten

Situation: Fast alle Tiere sind von Natur aus so veranlagt, dass sie sich nicht gegenseitig töten. Sie kämpfen zwar um ein Weibchen oder um ein Revier, aber nur selten kommt es dabei zum Tod eines Tieres. Das ist ein natürlicher Wesenszug, um die Art am Leben zu erhalten. Obwohl es eine sehr urtümliche Eigenschaft ist, sind die Menschen nicht anders. Wir haben ein Frontalhirn und ein Mittelhirn. Das Frontalhirn macht uns zu Menschen, und das Mittelhirn sorgt in bestimmten Situationen dafür, dass wir uns eher unzivilisiert, primitiv verhalten. Wird unser Leben bedroht, schaltet sich das Mittelhirn ein, und es fällt uns leichter, uns gegenseitig zu töten. Wenn es für Sie und Ihre Familie um Leben und Tod geht, sind sofortige gewalttätige Reaktionen bisweilen unumgänglich, um zu überleben.

Aufgabe: Töten oder getötet werden.

Ausführung: Diese Abfolge von Bewegungen und Kampftechniken erfordert Übung. Jeder einzelne Schritt ist eine eigenständige Fertigkeit für sich. Eine Körperhaltung einzunehmen, die keinerlei Bedrohung signalisiert, ist eine Fertigkeit, ebenso das richtige Hochziehen des Hemds oder der Jacke, um an Ihre Pistole zu gelangen. Das Ziehen der Waffe selbst ist eine Fertigkeit, auch der Schlag auf das Auge Ihres Gegners oder sich seitlich zu ihm zu postieren und sich andere Angreifer so lange vom Leib zu halten, bis Sie es mit jedem einzeln aufnehmen können. All das sind grundlegende, einzelne Schritte. Werden sie jedoch miteinander kombiniert, zeigen sie heftige Wirkung.

No. 076: WAFFE ZIEHEN UND DEN ÜBERBLICK BEHALTEN

Hilfe und Unterstützung: Wie bei jeder anderen Bewegungskombination sollte alles genau aufgeschlüsselt und jeder Zug Schritt für Schritt geübt werden. Sobald Sie die Grundlagen beherrschen, können Sie alles miteinander verbinden. Achten Sie darauf, wie Sie Ihr Messer tragen, wie es an Ihrer Taille sitzt und ob es Abdrücke am Körper hinterlässt oder ob zu erkennen ist, wenn Sie es unter Ihrer Kleidung versteckt mit sich führen. Es sind viele Messer und Scheiden im Handel erhältlich, aber ich empfehle Doms Messer und Trainingsmesser. Probieren Sie sie aus, Sie werden nicht enttäuscht sein.

Anweisung und Kontrolle: Wenn Sie von mehreren üblen Kerlen bedroht werden, kann ein Tunnelblick tödlich sein. Einen Angreifer auszuschalten bedeutet meistens nicht das Ende, denn Sie müssen sich wieder aufraffen und bereit für den nächsten Kampf sein. Wenn Sie mit Ihrer Familie unterwegs sind, sollten Sie sich schützend vor sie hinstellen. Jede einzelne Ihrer Bewegungen muss brutal, schnell und durchdacht sein, um Ihr Überleben und das Ihrer Liebsten zu sichern.

077 Abschirmen, um die Pistole zu ziehen

Situation: Wenn Sie von mehreren Bösewichten aus nächster Nähe bedroht werden, sodass Ihnen nichts anderes übrig bleibt, als für ein tödliches Ende zu sorgen, erfordert das in der Regel Voraussicht. Sie müssen ermitteln und abschätzen, welche Gefahr diese Bedrohung für Sie darstellt, sodass sie eine tödliche Tat Ihrerseits rechtlich rechtfertigen würde. Dazu müssten die Angreifer tatsächlich in der Lage sein, Sie körperlich zu verletzen oder zu töten und auch deutlich zeigen, dass sie Sie umbringen wollen. All diese Faktoren werden vor Gericht oft subjektiv beurteilt und stehen zur Frage. Denken Sie darüber nach, bevor Sie den Abzug betätigen. Rechtfertigt Ihre gefährliche Lage, den oder die Angreifer zu töten? Ist eine Flucht eine realistische Option? Wenn Sie diese Szenarien gedanklich durchspielen, werden Sie genau darüber nachdenken, falls Sie sich jemals in einer solch heiklen und gefährlichen Situation befinden.

Aufgabe: Gut überlegen und entschlossen handeln.

Ausführung: Ihre Aufgabe ist es, sich selbst und Ihre Angehörigen zu schützen und so schnell wie möglich aus der Gefahrenzone herauszukommen. Die Gefahrenzone ist der Ort, den Ihr Gegner bestimmt hat, um Sie anzugreifen – er nutzt dazu das Überraschungsmoment, seine List und seine Schnelligkeit. Sie sollten wissen, wo Gefahr lauert und diese Orte meiden. Wenn Sie so arg bedroht werden, dass Sie womöglich gravierend oder tödlich verletzt werden, schirmen Sie sich sofort ab, um einen Knockout zu verhindern. Preschen Sie gleichzeitig vor und rammen Sie dem Gegner die Spitze Ihres Ellbogens in die Brust, während Sie Ihre Pistole ziehen und ihm ins Becken schießen. Bleiben Sie wachsam und nehmen Sie gegebenenfalls noch andere Ziele ins Visier. Schätzen Sie die Lage ein und entfernen Sie sich so schnell wie möglich aus der Gefahrenzone.

No. 077: ABSCHIRMEN, UM DIE PISTOLE ZU ZIEHEN

Hilfe und Unterstützung: Das Fundament für hochintensive menschliche Leistungen ist ein kräftiger Rumpf. Die quer und die schräg verlaufende Bauchmuskulatur, der Rückenstrecker und die unteren Rückenmuskeln geben dem Körper Halt, sodass Sie kraftvolle Schläge austeilen und abwehren und Ihren Gegner überwältigen können. Dass Sie regelmäßig trainieren müssen, um Kraft, Schnellkraft und Ausdauer aufzubauen, versteht sich von selbst, wenn Sie aus einem Kampf als Sieger hervorgehen wollen.

Anweisung und Kontrolle: Dom unterteilt einen Kampf in drei Phasen: vor dem Kampf, während des Kampfes und nach dem Kampf. Bei bestimmten militärischen Operationen wird dies als Planung vor, während und nach einer Krise bezeichnet. Vor der Krise werden in letzter Minute relevante Informationen gesammelt, der aktuelle Zustand der Umgebung beurteilt und sichergestellt, dass Logistik und Ausrüstung einsatzbereit sind. Danach folgt der eigentliche Kampf oder Einsatz, die körperlichen Aktionen und Reaktionen. In der Zeit nach der Krise geht es darum, die Gefechtsschäden zu bewerten sowie um die Exfiltration und den Rückzug aus dem Gebiet. Das ultimative Ziel ist, möglichst schnell von der ersten zur dritten Phase überzugehen und möglichst wenig Zeit für die zweite, die Krisenphase aufzuwenden.

THOMPSON, GREG

DER HARTE KERL

Codename: Garrote
Grundlegende Skills: Jiu-Jitsu
Weiterführende Skills: Mixed Martial Arts

Hintergrund: Greg Thompson bildet seit 1998 Sondereinsatzkräfte aus. Im Jahr 2004 verlieh die UFC-Legende Royce Gracie den ersten schwarzen Gürtel an Greg und vier weitere Studenten von Gregs Mixed-Martial-Arts-Schule, Team ROC. Greg hatte seit den frühen 1990er-Jahren mit Royce trainiert, und das Team ROC ist dafür bekannt, einige der besten kompromisslosen Kämpfer der Ostküste auszubilden. Das Team ROC hat an vielen hochrangigen Wettkämpfen teilgenommen – darunter die Ultimate Fighting Championship, The Ultimate Fighter, K-1, Rumble on the Rock und King of the Cage – und wurde vom *Tapout Magazine* zur besten MMA-Schule in North Carolina gekürt. Greg ist ein zertifizierter Ausbilder in Muay Thai und hat schwarze Gürtel in mehreren anderen Kampfsportarten. Zudem war er 2003 NAGA-Weltmeister in der Advanced Division, Champion im Triangle Grappling und in Guerreros Gauntlet Superfight, im Jahr 2000 PanAm-Silbermedaillengewinner und Champion beim Gracie National in der Klasse von 200 bis 210 Pfund. Greg ist der Autor des Buches *H2H Combat*, das Schlagtechniken, Clinchen, Waffenangriff und -verteidigung, Waffenwechsel erläutert und erklärt, wie man sich an bestimmten Gegenständen festhält. Im Juli 2019 wurde Greg im Martial Arts World Report erwähnt, in einem Artikel mit dem Titel »The Innovators: Five People Who Are Changing the Face of Martial Arts«.

SOMALISCHE PIRATEN

DER FEIND

Hintergrund: Somalische Piraten haben Hunderte von Schiffen im Arabischen Meer und im Indischen Ozean angegriffen, wobei die meisten Angriffe allerdings nicht mit einer Entführung endeten. Im Jahr 2008 gab es 111 Angriffe, darunter 42 Entführungen. Die angegriffenen Schiffe machen jedoch nur einen Bruchteil der bis zu 30 000 Handelsschiffe aus, die dieses Gebiet jährlich passieren. Die Zahl der Angriffe im Januar und Februar 2009 war zehnmal so hoch wie im gleichen Zeitraum 2008, und im März gab es »fast täglich Angriffe«, 79 insgesamt, davon waren bis Mitte April leider 21 erfolgreich. Die meisten dieser Angriffe fanden im Golf von Aden statt, doch in der Folgezeit vergrößerten die Piraten ihren Aktionsradius und griffen Schiffe auch weiter südlich vor der Küste Kenias im Indischen Ozean an.

078 Gregs Alltagsausrüstung

Der Normalbürger bereitet sich auf eine länger andauernde Notlage dadurch vor, indem er das bunkert, was er zum Überleben braucht. An erster Stelle stehen Lebensmittel- und Wasservorräte (die tief im heimischen Keller gelagert werden), wohingegen man Waffen und Fluchtmittel außer Acht lässt. Wer jedoch wirklich bereit für einen Notfall sein will, der muss die Gewalt unserer heutigen Zeit in Betracht ziehen und sich ihr stellen. Unabhängig davon, ob das Worst-Case-Szenario eintritt oder nicht, bietet das EDC (Every Day Carry, eine kleine Sammlung von Gegenständen, Equipment und Zubehör, die man täglich dabeihat, um alltägliche oder gefährliche Situationen zu bewältigen, Anm. d. Red.) einen Vorteil gegen unerwartete Bedrohungen aller Art, von Umweltkatastrophen bis hin zu Terroranschlägen und Angriffen von Einzeltätern. Gregs EDC ist ihm eine große Hilfe, wenn sich ein guter Tag zu einem schlechten wendet, sodass er unbeschadet aus einer gefährlichen Situation herauskommt.

1. SOCP, Rettungswerkzeug
2. Kevlar-Schnur
3. OC/Pfefferspray
4. Cutterklinge aus Keramik
5. Kleiner Schraubenzieher
6. Leatherman-Multitool
7. Extramagazin
8. Hals-/Kopftuch
9. Sig Sauer 365 XL
10. Schlüsselband
11. SOCP-Taschenmesser
12. SOCP-Dolch
13. SOCP-Taschenlampe
14. Kordelarmband (maßgefertigt)
15. Brieftasche
16. Schlüsselanhänger für das Fluchtfahrzeug

No. 078: GREGS ALLTAGSAUSRÜSTUNG

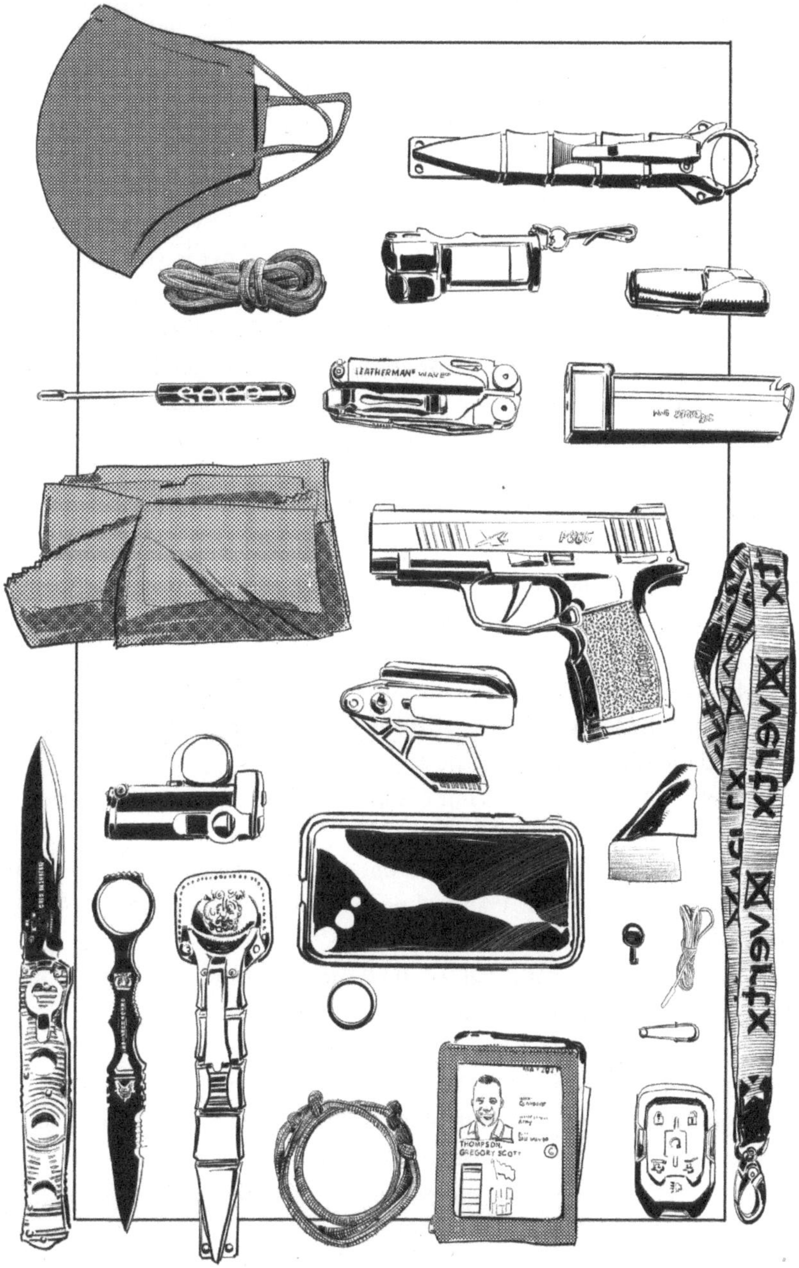

079 Nashornblock

Situation: Der Ellbogen ist die härteste und spitzeste Stelle des menschlichen Körpers. Zusammen mit dem richtigen Schwung und einem berechneten Angriffswinkel können Sie mit Ihrem Ellbogen jemanden k. o. schlagen, ihm zudem die Haut aufreißen und schwere Verletzungen zufügen. Aber es funktioniert auch andersherum. Wird der harte und spitze Ellbogen als Schutzschild für den Kopf eingesetzt, kann das für den Angreifer ebenso schädlich sein. Ob der Schurke einen Schwinger, einen Tritt, einen Jab oder einen kräftigen Cross austeilt – der Ellbogen kann verhindern, dass Sie k. o. geschlagen werden, dafür aber den Gegner infolge seines eigenen Schwungs verletzen, wenn er Ihren Ellbogen trifft.

Aufgabe: Schläge abwehren und reagieren.

Ausführung: Beim Nashornblock werden beide Arme eingesetzt, um den Kopf zu schützen und eine Gegenreaktion zu ermöglichen.

1. Fahren Sie sich mit den Fingern über den Kopf und halten Sie inne, sobald Ihr Ellbogen sich auf Höhe Ihrer Augen vor Ihnen befindet und die »Spitze« nach vorne zeigt.
2. Ziehen Sie die Schulter zum Kiefer und drücken Sie Ihr Kinn gegen den Bizeps.
3. Heben Sie die andere Hand so an, dass der Handrücken oberhalb des Kiefers auf dem Wangenknochen, der Schläfe oder der Stirnmitte liegt.
4. Kombinieren Sie die beiden Bewegungen, um sich maximal zu schützen und zu reagieren.

Hilfe und Unterstützung: Der Nashornblock sollte ein fester Bestandteil Ihres täglich praktizierten Schattenboxens sein. Üben Sie ihn mindestens 100-mal am Tag mit beiden Armen, sodass er Ihnen in Fleisch und Blut übergeht, um sich adäquat vor einem Angriff zu schützen.

No. 079: NASHORNBLOCK

Anweisung und Kontrolle: Mit dem Nashornblock fahren Sie die hervorstechendste (»knochigste«) Waffe Ihres Körpers aus, und damit können Sie den zutretenden Fuß oder die zuschlagende Faust des Angreifers brechen. Für Ihren Gegner ist dieser Ellbogen ein Stachel, mit dem er sich gewissermaßen aufspießen kann.

080 Nashornblock, Guillotine und Würgen mit der Kleidung

Situation: Ein Training für das Worst-Case-Szenario dient als gute Vorbereitung, wenn es im wirklichen Leben zu einem ernsthaften Kampf kommt. Wenn Sie nur einen Bösewicht umklammern, kann das Ihre gesamten Ressourcen beanspruchen, vor allem, wenn Sie einen Thai-Clinch anwenden. Doch leider müssen wir damit rechnen, dass dort, wo es einen Bösewicht gibt, noch viele andere sind. Sie müssen sich darauf einstellen und all Ihre verfügbaren Mittel einsetzen, um zu überleben. Ihre Hände und Füße werden umso nützlicher, je mehr Angreifer Sie bedrohen. Wenn Sie wissen, wie Sie Ihre Kleidung zu einer Waffe umfunktionieren können, haben Sie eine dringend benötigte Hilfe, falls sich einem Bösewicht noch zwei oder drei dazugesellen.

Aufgabe: Machen Sie Ihre Kleidung zur Waffe.

Ausführung: Wenn Sie den Nashornblock anwenden, stehen Sie dem Angreifer mehr oder weniger direkt gegenüber, sodass Sie zu einem einfachen Thai-Clinch übergehen können. Die häufigste Variante ist der sogenannte *Double Collar Tie*: Ziehen Sie den Kopf Ihres Gegners mit den Händen nach unten und halten Sie seinen Kopf und seine Schultern mit den Ellbogen fest, auf diese Weise haben Sie ihn unter Kontrolle. Achten Sie darauf, dass Sie dabei die Ellbogen zusammendrücken, damit Ihr Gegner nicht entkommen kann. Wenn Sie den Schurken von einer Seite zur anderen hin und her stoßen, gerät er aus dem Gleichgewicht. Zu seiner Verblüffung können Sie zum Guillotine-Choke, auch bekannt als nackter Würgegriff von vorne, übergehen, doch hier nutzen Sie zusätzlich den Stoff, den Sie tragen, um den Feind zu würgen. Jetzt können Sie auch eine Waffe ziehen, um damit andere Angreifer in Schach zu halten.

No. 080: NASHORNBLOCK, GUILLOTINE UND WÜRGEN MIT DER KLEIDUNG

Hilfe und Unterstützung: Betrachten Sie diese einzelnen Schritte als eine fließende Bewegung: Bilden Sie mit den Armen den Nashornblock, gefolgt von einem Thai-Clinch, und gehen Sie entweder zu einem nackten Würgegriff von vorne oder zu einem Würgegriff mithilfe Ihrer Kleidung über. Jede Technik kann separat oder zusammen mit anderen Techniken trainiert werden. Üben Sie zuerst alles einzelnen und danach in verschiedenen Kombinationen. Mit der Zeit werden Sie ein Gespür dafür entwickeln, wann jede dieser Techniken in einem Kampf angewandt werden sollte.

Anweisung und Kontrolle: Wenn Sie den Kopf Ihres Gegners im Griff haben, können Sie seinen Rücken kontrollieren, wodurch Sie wiederum seinen Körper unter Kontrolle haben. Gehen Sie jeweils schnell dabei vor – das demoralisiert Ihren Feind und nimmt ihm den Kampfeswillen, noch bevor die Schlacht beendet ist.

081 Vom Nashornblock zum Ezekiel-Choke (Würgegriff mit Kleidung)

Situation: Denken Sie daran: Bringen Sie Ihren Gegner in einem Straßenkampf niemals zu Boden. Wenn Sie sich auf dem Boden herumwälzen, machen Sie sich angreifbar durch andere Schurken. Es gibt jedoch einige Taktiken und Techniken, die zwar für den Bodenkampf vorgesehen sind, die Sie aber auch anwenden können, wenn Sie stehend kämpfen. Beim Ezekiel-Choke machen Sie sich den Ärmel zunutze, und je nachdem, in welcher Position sich der Hals Ihres Gegners befindet, können Sie mit Ihrer Handkante starken Druck gegen seine Luftröhre oder Halsschlagader ausüben. Sollten Sie ein ärmelloses Hemd oder T-Shirt tragen, ist es sogar noch effektiver, sich die Bekleidung Ihres Gegners zunutze zu machen, um ihn mit diesem Würgegriff außer Gefecht zu setzen. Wenn Sie sein Hemd als »Waffe« gegen ihn verwenden, haben Sie eine Hand frei, um sich gegen andere mögliche Angreifer zu wehren.

Aufgabe: Benutzen Sie Ihren Ärmel und retten Sie Ihr Leben.

Ausführung: Formieren Sie mit den Armen den Nashornblock und gehen Sie in den Schlag des Angreifers hinein. Preschen Sie mit Ihrem »Horn« energisch nach vorne und packen Sie mit diesem Arm den Trizeps des gegnerischen Schlagarms. Mit der anderen Hand fassen Sie den Schuft am Kragen, den Sie unter seinem Hals von sich wegdrücken, und direkt danach schlüpfen Sie unter seinen eingeklemmten Arm. Umfassen Sie den Schurken von hinten und halten Sie den Kragen nun mit Ihrer anderen Hand fest, um dem Fiesling die Luft abzuschnüren. Damit er sich nicht aus Ihrem Griff herauswinden kann, schlüpfen Sie wieder unter seinen eingeklemmten Arm. Und während er bewusstlos wird, können Sie mit der freien Hand eine Pistole ziehen und diese auf andere Angreifer richten.

No. 081: VOM NASHORNBLOCK ZUM EZEKIEL-CHOKE (WÜRGEGRIFF MIT KLEIDUNG)

Hilfe und Unterstützung: Jede Bewegung sollte einzeln einstudiert werden: der Nashornblock, das Einklemmen des gegnerischen Schlagarms, das Packen des Gegners am Kragen, das Luftabdrücken und so weiter – all das sind grundlegende Züge der Selbstverteidigung. Wenn Sie diese Grundlagen beherrschen, werden Sie große Fortschritte erzielen.

Anweisung und Kontrolle: Mit diesem Griff lässt sich entweder der Blutfluss oder die Luftzufuhr abschnüren, je nachdem, wo Sie zudrücken. Beides führt dazu, dass der Gegner bewusstlos wird. Die Durchblutung zu unterbrechen geht schnell und ist weniger anstrengend; länger dauert es, wenn Sie jemandem die Luft abschnüren – denn der Bösewicht weiß in diesem Moment ganz genau, dass Sie ihn bewusstlos machen wollen. Aber manche Verbrecher haben es auch nicht anders verdient.

082 Sich gegen mehrere Angreifer wehren

Situation: Auch wenn Sie nur von einer Einzelperson angegriffen werden, müssen Sie stets die Umgebung im Auge behalten. Achten Sie darauf, ob sich zu Ihren Seiten oder hinter Ihnen weitere Übeltäter befinden. Wenn Sie die Möglichkeit haben zu fliehen, sollten Sie alles versuchen, um der Gefahrenzone zu entkommen. Das Letzte, was Sie wollen, ist, gefesselt im Kofferraum eines Wagens zu enden. Sobald Sie alle Personen ausfindig gemacht haben, die eine Bedrohung für Sie darstellen, checken Sie die Umgebung und überlegen sich, was Sie zu Ihrer Verteidigung unternehmen. Überlegen Sie, in welcher Reihenfolge Sie sich die Schufte vorknöpfen, noch bevor der Kampf überhaupt begonnen hat. Sobald der erste Schurke einen Schritt auf Sie zumacht, stellen Sie sich so auf, dass Sie es auch mit den anderen Angreifern aufnehmen können. Idealerweise sollten Sie den Schuft, der Ihnen am nächsten ist, zwischen sich und seinem nächststehenden Schergen in Schach halten.

Aufgabe: Benutzen Sie Ihre Waffen.

Ausführung: Hat jemand Sie angegriffen und Ihren Arm gepackt, während ein zweiter Angreifer nur wenige Schritte entfernt ist, müssen Sie schnell handeln, um den ersten Schurken auszuschalten, damit Sie sich um den zweiten kümmern können. Wenn Sie Ihr T-Shirt über der Hose tragen, gleiten Sie mit Ihrem Daumen bis zum Saum und ziehen Ihr Messer. Gleichzeitig treten Sie einen Schritt hinter den Gegner, der Ihren Arm festhält. Dadurch haben Sie eine bessere Kontrolle über ihn, während Sie ihm in die Kehle stechen. Rammen Sie ihm das Messer in den Hals und halten Sie ihn zwischen sich und dem zweiten Halunken, der sich Ihnen nähert, sodass er als Schutzschild dient. Noch während Sie hinter ihm stehen, ziehen Sie Ihre Pistole und geben einen Warnschuss ab.

No. 082: SICH GEGEN MEHRERE ANGREIFER WEHREN

Hilfe und Unterstützung: Es ist nicht verkehrt, zwei Waffen dabeizuhaben, eine für jede Hand. Beidhändigkeit ist im Kampfsport ein Muss, und dementsprechend sollten Sie trainieren.

Anweisung und Kontrolle: Wenn Sie von mehreren Bösewichten angegriffen werden, müssen Sie sich unbedingt darüber im Klaren sein, in welcher Reihenfolge Sie sich die Angreifer vorknöpfen. Das erfordert Übung und absolute Wachsamkeit, doch auf diese Weise kämpfen Sie immer nur gegen einen, auch wenn es sich um mehrere handelt.

083 Den Gegner mit einem Schlüsselband unschädlich machen

Situation: Wenn Sie das Gefühl haben, Sie seien von einem Sumo-Ringer umschlungen, sollten Sie die Situation zu Ihren Gunsten nutzen. Tasten Sie zunächst Ihren Gegner an der Taille ab, ob er eine Pistole oder ein Messer bei sich trägt. Sollte er bewaffnet sein, können Sie entweder seine Arme festhalten oder ihn wegstoßen und wegrennen. Für was Sie sich entscheiden, hängt von der Situation, der Umgebung und von anderen möglichen Angreifern ab. Wenn die beste Lösung darin besteht, ihn zu packen, halten Sie ihn auf sehr kurze Distanz, lassen Sie ihn mit den Armen herumfuchteln und sehen Sie zu, dass Sie den Kampf ohne viel Aufhebens schnell beenden. Sie verstoßen nicht gegen das Gesetz, wenn Sie verdeckt eine Fallschirmleine oder ein Schlüsselband (Taljereep) bei sich haben; beides ist gut geeignet, um den Feind zu überwältigen.

Aufgabe: Schneiden Sie Ihrem Gegner die Luft ab.

Ausführung: Wenn Sie Ihren Angreifer wie ein Wrestler halb umklammert haben, wobei Sie ihn mit einem Arm von vorne umfassen, nutzen Sie die Gelegenheit und tasten ihn schnell ab. Halten Sie ihn weiterhin in diesem halben Klammergriff, während Sie seine Arme im Auge behalten und sich vergewissern, dass er keine Chance hat, eine Waffe zu ziehen. Bleiben Sie mit ihm Ohr an Ohr und drücken Sie Ihren Kopf gegen seinen, damit er nicht sieht, wie Sie nach Ihrem Schlüsselband greifen. Sobald es sich hinter seinem Rücken befindet, legen Sie ein Ende der Bandschlaufe um Ihr Handgelenk und greifen mit der anderen Hand das andere Ende. Halten Sie das eine Ende des Bands auf seinem Rücken gut fest, während Sie das Schlüsselband mit der Handkante des anderen Arms über seine Kehle ziehen. Auf diese Weise drückt das Band auf die eine Seite der Kehle und Ihre Handkante auf die andere, wie eine Schere, und das unterbricht die Blutzufuhr zum Gehirn.

No. 083: DEN GEGNER MIT EINEM SCHLÜSSELBAND UNSCHÄDLICH MACHEN

Hilfe und Unterstützung: Sie können die meisten strapazierfähigen Bänder als »Waffe« benutzen. Ideal ist eine Fallschirmschnur, auch als 550 Paracord bekannt; eine Kevlar-Schnur ist ebenfalls eine gute Wahl. Für welches Material Sie sich auch immer entscheiden, achten Sie darauf, dass es für diesen »Kampfeinsatz« reißfest und nicht zu schmal ist, sonst können Sie sich daran schneiden. Und binden Sie einen Knoten, der nicht verrutscht.

Anweisung und Kontrolle: Bei gefährlichen Raufereien ist es entscheidend, die Arme des Gegners im Blick zu behalten und sie in den Griff zu bekommen. Sobald Waffen ins Spiel kommen, wird es sehr schwierig, die Situation zu kontrollieren. Vorbeugung ist einfacher als Schadensbegrenzung. Echte Schlägereien entbehren jeglicher Fairness, und wenn Sie die Möglichkeit haben, seine Waffen zu ziehen und sie gegen ihn einzusetzen, um die Situation zu deeskalieren oder den Kampf zu beenden, dann tun sie das.

084 Ein verdecktes Messer ziehen

Situation: Geben Sie unbekannten Menschen niemals freiwillig Informationen über sich preis. Heutzutage müssen Sie damit rechnen, dass jemand Sie genau unter die Lupe nimmt und checkt, was Sie tragen, wie Sie sich bewegen und was Sie sagen – und schon bildet man sich ein Urteil über Sie, ohne Sie kennengelernt zu haben. Sollte es Ihnen per Gesetz erlaubt sein (siehe das Waffengesetz der BRD), eine Waffe in der Öffentlichkeit zu tragen, sollte diese verdeckt sein. Eine verborgene Waffe zu ziehen ist mitunter nicht so einfach. Die Art Ihrer Waffen, die Holster und Scheiden, Ihre Kleidung, die Umgebung, in der Sie leben, all dies spielt eine Rolle – und manchmal muss man auch etwas kreativ sein, wenn man eine Waffe hervorzieht.

Aufgabe: Halten Sie Ihre Waffe verdeckt am Körper, aber vergessen Sie nicht, dass Sie eine bei sich haben.

Ausführung: Die SOCP-Scheide für Messer ist mit einem kaum sichtbaren Clip ausgestattet, der das Tragen im Hosenbund ermöglicht. Das Profil des Clips ist so kurz, dass er kaschiert im Bund getragen werden kann. Wenn Sie die Waffe noch tiefer verdeckt tragen wollen, verwenden Sie Paracord als Befestigung im Hosenbund und fixieren Sie das Messer an Ihrem Leistenkanal.

Hilfe und Unterstützung: Es gibt eine große Auswahl an Messern mit feststehender Klinge, und viele der Experten in diesem Buch haben ihre Favoriten oder stellen ihre eigenen her. Sie alle haben ihre Vorteile, sodass einem die Kaufentscheidung nicht leichtfällt.

No. 084: EIN VERDECKTES MESSER ZIEHEN

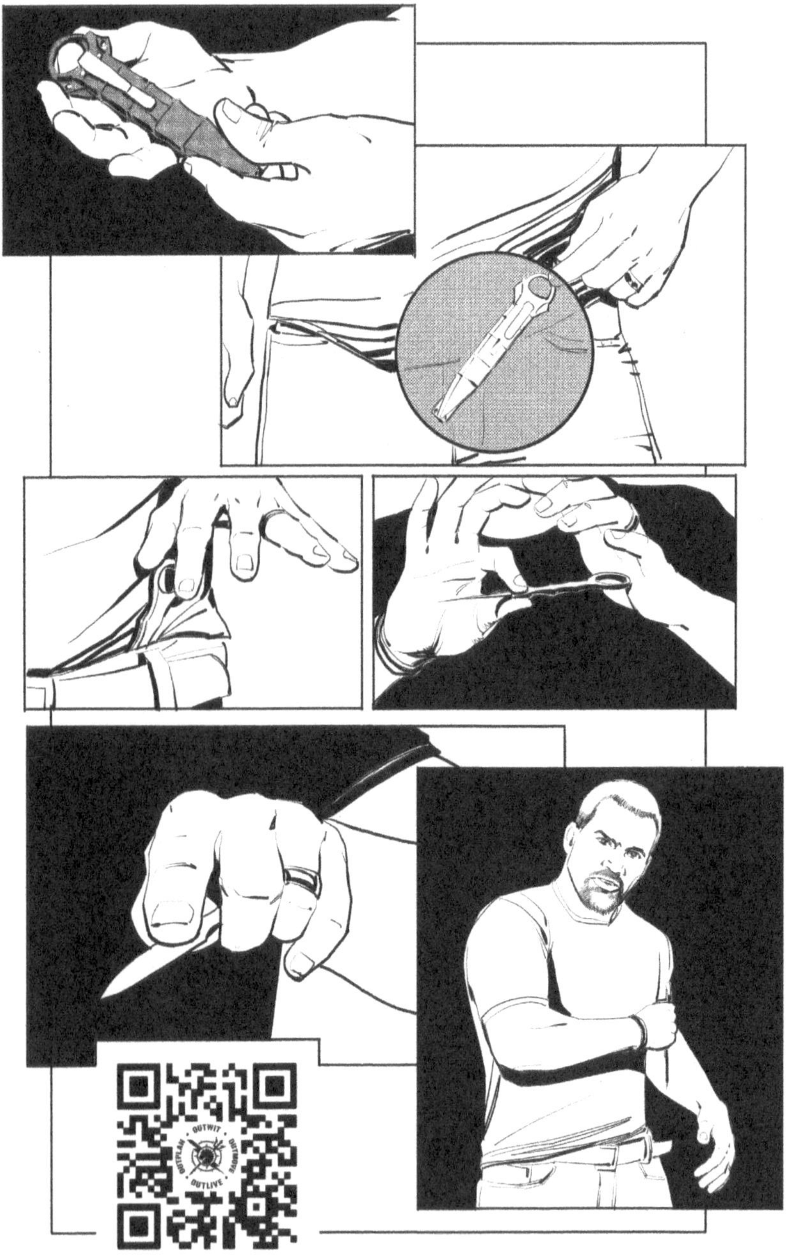

Anweisung und Kontrolle: Ihre Kleidung und die Art, wie Sie sie tragen, spielen beim Verbergen und Hervorziehen Ihrer Waffen eine wichtige Rolle. Eventuell benötigen Sie eine Hose mit einer etwas längeren Schritthöhe, um Ihre Waffe bequem kaschieren zu können. Wenn Sie Ihr Hemd in die Hose stecken, wird es schwieriger, Ihre Waffe zu verstecken. Tragen Sie hingegen das Hemd über die Hose, können Sie Ihre Pistole oder Ihr Messer besser verbergen und schnell einsetzen.

DER HARTE KERL

RAPIER, BILL

Codename: Wild Bill
Grundlegende Skills: Experte für Kampfführung
Weiterführende Fähigkeiten: Jiu-Jitsu, Sayoc Kali, Thai-Boxen

Hintergrund: Bill ging nach 20 Jahren in der Marine in den Ruhestand und diente mehrere Jahre lang im SEAL Team 3 und über 14 Jahre in der Naval Special Warfare Development Group. Er war unter anderem als Angreifer, Zugangstechniker, Scharfschütze, Teamleiter, Truppenführer und Senior Enlisted Adviser des Military Working Dog Department tätig. Bill war schon immer ein begeisterter Schütze und engagiert sich sehr im Kampfsport, zudem ist er als einer der weltweit besten Ausbilder für Kampftechniken anerkannt, eine Position, die er durch jahrelanges Training erreicht hat. Er hat den schwarzen Gürtel im brasilianischen Jiu-Jitsu und wurde von Gustavo Machado (Virginia Beach) ausgebildet. Seit 2006 übt er sich in der philippinischen Kampfkunst Sayoc Kali und hat sich auch im Boxen und Thai-Boxen weitergebildet. Mit seinem Hintergrund ist es wenig überraschend, dass viele der Kurse, die er bei Amtac Shooting gibt, weit mehr als nur die Beherrschung von Schusswaffen umfassen. Rapier lehrt seine Schüler, dass ihre Waffe nicht das einzige Einsatzmittel in einem Kampf sein muss.

OSAMA BIN LADEN

DER FEIND

Hintergrund: Bin Laden ist vor allem für seine Rolle als Drahtzieher der Anschläge vom 11. September 2001 bekannt, bei denen fast 3000 Menschen ums Leben kamen und die die USA veranlassten, den Krieg gegen den Terror zu beginnen. In der Folge wurde mehrere Jahre international nach ihm gefahndet. Am 2. Mai 2011 wurde Bin Laden von US Navy SEALs in einer privaten Wohnanlage in Abbottabad, Pakistan, erschossen, wo er mit einer Familie aus Waziristan lebte.

085 Die Reaktionszone

Situation: Die Reaktionszone ist der Abstand zwischen Ihnen und Ihrem Gegner, und in dieser Zone gewinnt immer derjenige, der zuerst agiert, ganz gleich, wie schnell Sie darauf reagieren. Innerhalb dieser Reaktionszone lauert stets Gefahr. Sobald Sie sich in dieser Zone befinden, sinken Ihre Chancen, erfolgreich auf den gegnerischen Angriff zu reagieren, exponentiell gegen null. Fazit: Derjenige, der zuerst angreift, gewinnt, wenn man sich innerhalb der Reaktionszone befindet.

Aufgabe: Schlagen Sie zuerst zu, wenn Sie sich in der Reaktionszone befinden.

Ausführung: Wenn Ihnen klar ist, dass die Reaktionszone auf Aktion und Reaktion beruht, leuchtet Ihnen unmittelbar ein, dass der Raum zwischen Ihnen und dem Gegner genauso bedeutend ist wie die Zeit, die Sie haben, um den Schuft zu besiegen und/oder zu fliehen. Wenn Sie den Abstand zwischen sich und dem Angreifer vergrößern, haben Sie bessere Chancen, auf die Aktionen und Gegenreaktionen des Gegners zu reagieren.

Hilfe und Unterstützung: Wenn Sie Ihre Aktionen und Reaktionen innerhalb der Reaktionszone trainieren, sollten Sie nicht bestimmten Bewegungsmustern verfallen. Immer wieder den gleichen Schlag zu wiederholen ist nichts anderes, als eben genau diesen Schlag »anzukündigen«. Machen Sie sich Ihre »harmlose Erscheinung« zunutze und handeln Sie entschlossen und schnell, um herauszufinden, was für Sie am besten funktioniert. Schlüpfen Sie im Training in beide Rollen, um besser nachzuvollziehen, was Raum und Zeit für beide Parteien bedeutet.

No. 085: DIE REAKTIONSZONE

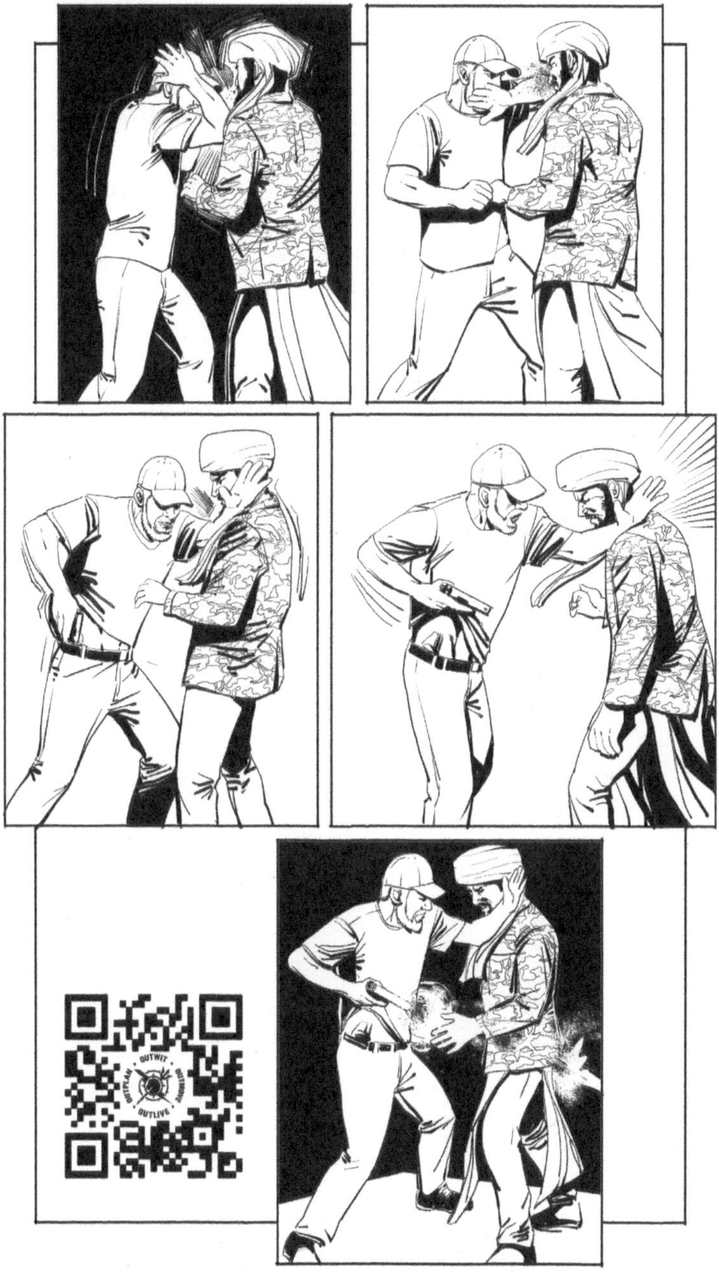

Anweisung und Kontrolle: Wenn Sie den Eindruck einer harmlosen Erscheinung für den Gegner aufrechterhalten, dabei aber natürlich auf festen Füßen stehen und mit allem rechnen, so bietet Ihnen das Deckung und Schutz vor einem unerwarteten Angriff, während Sie sich in der Reaktionszone befinden. Denken Sie daran: Sobald Sie sich hinlänglich bedroht fühlen und erkennen, dass Ihr Gegner Waffen trägt, seine Hände zu Fäusten geballt sind, er Blut an den Händen hat oder anderweitig offensichtlich ist, dass es zwecklos ist, das Problem verbal zu lösen, dann schlagen Sie als Erster (hart) zu und zeigen Sie keine Gnade, bis der Schuft außer Gefecht gesetzt ist.

086 Schneller Ellbogenschlag

Situation: Etwas zu signalisieren oder anzudeuten bedeutet, den Gegner ungewollt darauf aufmerksam zu machen, was unmittelbar als Nächstes folgt – wenn zum Beispiel ein Boxer sich wegdreht und duckt, um seinem Gegner einen Haken zu verpassen. Es handelt sich also um eine physische »Mitteilung«, die eine nachfolgende Aktion vorwegnimmt. In einem sportlichen Wettkampf ist es nur eine Andeutung, die jedoch in einer gefährlichen Situation oder gewalttätigen Konfrontation ein großes Risiko darstellen kann. Sie wollen nicht, dass Ihr Gegner weiß, was Sie zu tun gedenken, vielmehr wollen Sie ihn mit Ihren Schlägen überraschen. Ein schneller Ellbogenschlag erfordert eine gewisse Vorbereitung, doch wenn Sie ihn erst einmal ausgeteilt haben, spielt es keine Rolle mehr, ob Ihr Gegner wusste, ob er kommt oder nicht, denn er zeigt enorme Wirkung.

Aufgabe: Bleiben Sie bei dem, was funktioniert.

Ausführung: Ihre Unterarmknochen sind umgeben von Muskeln. Wenn Sie eine Faust machen, ummanteln die Muskeln den Unterarmknochen. Lassen Sie Ihre Hand mit gespreizten Fingern geöffnet, wird der Unterarmknochen nicht umschlossen, und das ist ideal für einen Schlag mit dem Ellbogen. Mit geöffneter Hand nahe am Wangenknochen und einem nach hinten ausholenden Ellbogen geben Sie der Hüfte den notwendigen Schwung, um Ihren ganzen Körper einzusetzen und den Gegner Sterne sehen zu lassen.

Hilfe und Unterstützung: Falls Sie den Hals des Schurken in den Griff bekommen oder ihn am Arm festhalten können, bleibt sein Kopf oder Oberköper an Ort und Stelle, wodurch Sie die Wirkung Ihres Ellbogenschlags noch verstärken. Diesen Schlag können Sie immer und immer wieder austeilen, bis Ihr Gegner nachgibt oder zusammenbricht.

No. 086: SCHNELLER ELLBOGENSCHLAG

Anweisung und Kontrolle: Versuchen Sie nach Möglichkeit, das sogenannte K.-o.-Dreieck zu treffen. Die Spitze des Dreiecks erstreckt sich von der Stelle direkt unter dem Ohrläppchen, wo das Kiefergelenk auf den Schädel trifft, über das andere Ohr bis hinunter zum Kinn. Während eines Kampfes sollten Sie stets darauf achten, diesen Bereich bei sich selbst zu schützen. Schließlich wollen Sie nicht bewusstlos geschlagen werden.

087 Aufwärtshaken austeilen und mit Ellbogen schützen

Situation: Ellbogenschläge sind mehr als nur ein heftiger Angriff. Wenn sie richtig ausgeführt werden, fungieren sie sowohl als Schild als auch als Schwert. Sie können dafür sorgen, dass das Gesicht Ihres Gegners aufplatzt und zertrümmert wird, gleichzeitig aber Ihr eigenes Gesicht vor diesen Verletzungen schützen – alles in einer einzigen Bewegung. Der Punkt, an dem sich Unterarm und Oberarm treffen, ist nur ein Aspekt des Ellbogenschlags. Der Unterarm und der Oberarm, anatomisch verbunden mit der Schulter, dienen zusammen mit dem Vorwärtsschwung ebenfalls als Angriffs- und Verteidigungsmittel.

Aufgabe: Setzen Sie beim Zuschlagen den ganzen Arm ein, nicht nur den Ellbogen.

Ausführung: Wenn Sie Ihre Hand hinter das Ohr bringen, bewegt sich Ihr Ellbogen automatisch nach oben. Mit dieser Aufwärtsbewegung können Sie einen Aufwärtshaken (engl. *Uppercut*) schlagen. Und mit derselben Bewegung schirmen Sie Ihr K.-o.-Dreieck vor den Schlägen des Gegners ab. Wenn Sie mit Ihrem Ellbogen einen Uppercut austeilen und sich dabei gleichzeitig mit Ihren Füßen nach vorne bewegen, können Sie Ihren Gegner auf die Knie zwingen und sich selbst in eine vorteilhafte Lage bringen, um dem Kampf ein Ende zu bereiten.

Hilfe und Unterstützung: Mit Ihrer zweiten Hand sollten Sie den anderen Arm des Schufts in den Griff bekommen, oder umklammern Sie ihn, schlagen Sie auf ihn ein oder ziehen Sie, falls nötig, ein Messer oder eine Pistole. Wenn Sie einen energischen Ausfallschritt nach vorne machen, bekommt Ihr Uppercut mit dem Ellbogen noch mehr Schlagkraft.

No. 087: AUFWÄRTSHAKEN AUSTEILEN UND MIT ELLBOGEN SCHÜTZEN

Anweisung und Kontrolle: Wenn der Kopf Ihres Gegners sich nicht mehr in seiner normalen Stellung befindet, verliert der Fiesling völlig die Kontrolle – denn wenn er nichts sieht, kann er nicht reagieren. Drücken oder schlagen Sie seinen Kopf nach links, rechts oder nach hinten, so gewinnen Sie Zeit und können überlegen, was Sie als Nächstes tun.

088 Kopfstöße – aber richtig

Situation: Üblicherweise versteht man unter Kopfstößen, mit dem Kopf nach hinten auszuholen und ihn dann wieder nach vorne zu stoßen, sodass Ihre Stirn das gegnerische Gesicht trifft. Das einzig Richtige an diesem Satz ist der letzte Teil: das Gesicht des Gegners zu Brei schlagen. Der Rest ist nicht unbedingt falsch, aber es ist sicherlich nicht die effektivste Technik, und es wäre möglich, dass Sie sich damit noch mehr in Gefahr bringen. Sobald Sie Ihren Kopf in den Nacken legen, signalisieren Sie Ihrem Gegner, was Sie vorhaben, und was noch schlimmer ist: Sie legen die Unterseite Ihres Kinns und Ihres Halses frei. Und wenn Sie mit Ihrem Kopf beziehungsweise mit Ihrer Stirn direkt »zuschlagen«, ohne auszuholen, erhöhen Sie erheblich die Wahrscheinlichkeit, dass Sie sich selbst k. o. schlagen.

Aufgabe: Stoßen Sie mit Ihrem Kopf gegen das Gesicht des Gegners und nicht Ihr Gesicht gegen seinen Kopf.

Ausführung: Der härteste Teil Ihres Kopfes beginnt am Haaransatz und erstreckt bis zum oberen Ende des Schädels. Das Ziel ist, mit dem oberen Teil des Kopfes das Gesicht des Gegners zu treffen. Dazu müssen sich alle Wirbel in einer Flucht befinden und gerade ausgerichtet sein. Der Scheitelpunkt Ihres Kopfes sollte sich in einer Linie mit Ihrem Steißbein befinden. Die Kraft kommt aus den Beinen. Die effektivste Art und Weise, jemandem einen Kopfstoß zu verpassen, ist, halb in die Hocke zu gehen und explosiv nach oben zu schießen, während Sie den Kopf Ihres Angreifers festhalten.

Hilfe und Unterstützung: Mit einigen Langhantelübungen können Sie dafür sorgen, dass noch mehr Wucht hinter Ihrem Kopfstoß sitzt. Kniebeugen, Kreuzheben und Box-Jumps sind nur einige Übungen für Ihre Explosivkraft, die die zerstörerische Wucht Ihrer Kopfstöße steigern.

No. 088: KOPFSTÖSSE – ABER RICHTIG

Anweisung und Kontrolle: Wenn Sie den Nacken Ihres Gegners umklammern, haben Sie seinen Kopf im Griff und die richtige Voraussetzung, ihm einen effektiveren Kopfstoß zu versetzen. Außerdem können Sie so fast die nächste Bewegung Ihres Gegners erahnen. Denken Sie immer daran: Wenn Sie die Kontrolle über den gegnerischen Kopf oder Hals haben, kontrollieren Sie auch den Körper des Bösewichts. Wenn Ihnen das erst einmal gelingt, können Sie Ihren Gegner ins Schwanken bringen und den Kampf für sich entscheiden.

089 Eine verdeckte Waffe ziehen

Situation: Die kaschierende Kleidung beiseitezuschieben und Ihr Messer mit einer Hand ziehen zu können, ist von wesentlicher Bedeutung, damit Sie Ihre Verteidigungsfähigkeit generell verbessern. Stoßen und ziehen Sie Ihren Angreifer hin und her, dreschen Sie auf ihn ein oder halten Sie ihn am Arm oder sonst wo fest, wenn Sie Ihr Messer ziehen. Sofern sie kein uniformierter Polizist oder im Dienst befindlicher Soldat sind, sollten Sie Ihr verborgenes Messer oder Ihre nicht zu sehende Pistole stets mit einer Hand aus Höhe der Taille hervorziehen.

Aufgabe: Üben Sie, eine Waffe mit einer Hand zu ziehen – bis Sie es beherrschen.

Ausführung: Wenn es etwas gibt, worauf das Sprichwort »In der Ruhe liegt die Kraft« zutrifft, dann ist es das Ziehen der Waffe mit einer Hand. Die Position des Messers bestimmt, wo Sie mit dem Hervorholen der Waffe beginnen. Am wichtigsten ist, Ihr Kleidungsstück aus dem Weg zu räumen, damit Sie die Waffe unbehindert greifen können. Die Daumenspitze sollte an der Leistenfalte liegen und den Saum des Hemdes, das Sie über der Hose tragen, anheben. Mit dem Daumen voran und den Fingern hinterher gibt das hochgeschobene Hemd den Messergriff frei, sodass Sie ihn mit vier Fingern fassen und das Messer ziehen können.

Hilfe und Unterstützung: Wenn Sie üben, Ihr Messer richtig zu ziehen, dann verwenden Sie auf jeden Fall ein Trainingsmesser, damit Sie weder sich noch andere verletzen. Bei Amtac-Messern bekommen Sie auch ein Trainingsmesser dazu, das ebenfalls in die mitgelieferte Scheide passt. Damit können Sie üben, mit einem Messer im Ernstfall richtig umzugehen.

No. 089: EINE VERDECKTE WAFFE ZIEHEN

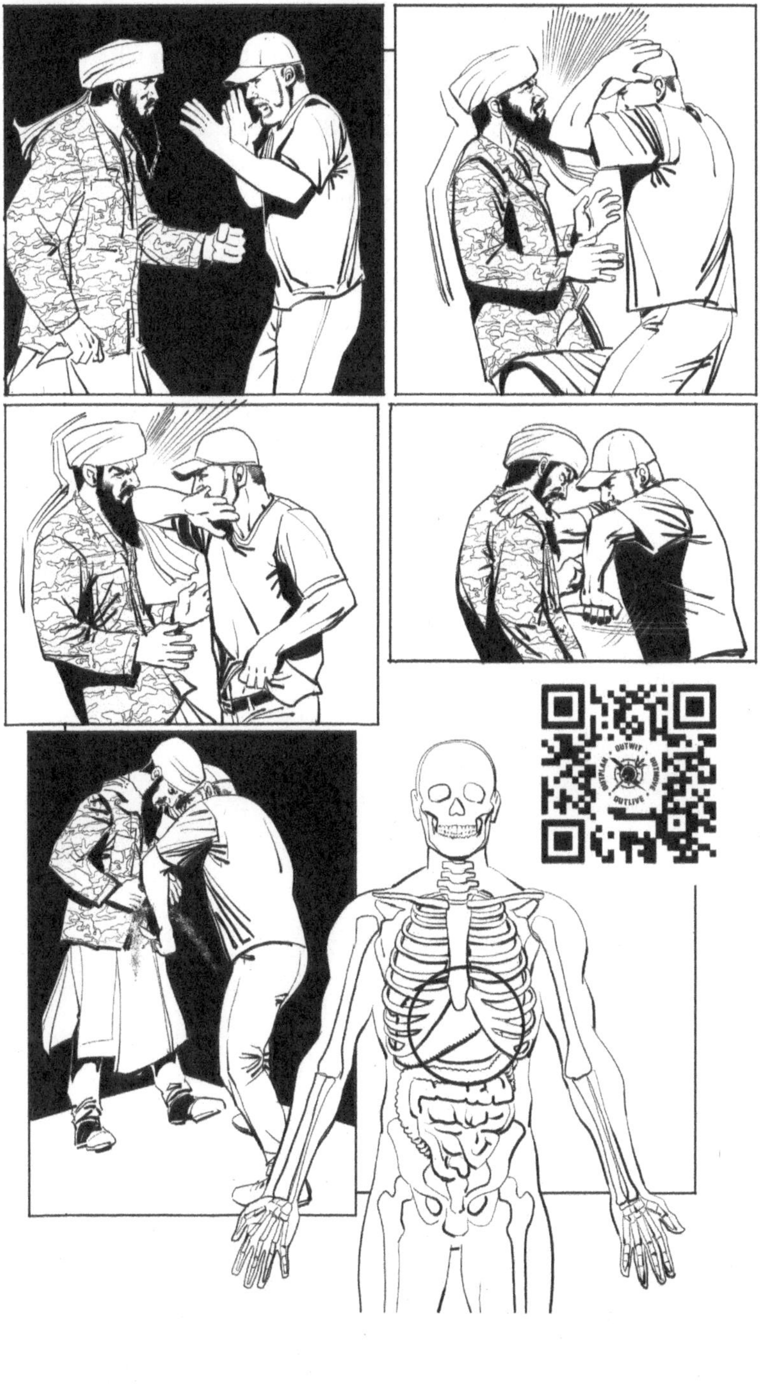

Anweisung und Kontrolle: Wie ein Zauberer sein Publikum täuscht, so täuschen Sie in gewisser Weise auch Ihren Angreifer, wenn Sie Ihre Waffe hervorholen. Indem Sie Ihren Körper so bewegen, dass Ihr Gegner nicht sehen kann, wie Sie Ihr Messer ziehen, sorgen Sie für ein Überraschungsmoment und ein ungestümes Gebaren – alles in einer einzigen Bewegung. Lenken Sie den Schurken ab: Drücken Sie sich gegen ihn, umklammern Sie ihn oder stellen Sie sich mit dem Körper schräg zu ihm, während Sie heimlich Gebrauch von Ihrem Messer machen.

090 Wechsel von Messer zu Pistole

Situation: Mitten im Kampf kann es jederzeit passieren, dass einem kein anderer Ausweg bleibt, als den Angreifer zu töten. Oft gibt es keinerlei Vorwarnung, und eine Situation, von der man glaubte, sie würde deeskalieren, kann von einer Sekunde zur anderen aus dem Ruder laufen. Im schlimmsten Fall sehen Sie sich dann mit mehreren Gegnern konfrontiert, die Sie umbringen wollen. In solch einer Situation müssen Sie schnellstmöglich einen Angreifer nach dem anderen ausschalten, bevor Sie überwältigt werden, Ihren Gegnern waffentechnisch unterlegen sind oder bewusstlos geschlagen werden oder eine Kugel in die Brust bekommen. Ein derartiger Kampf um das eigene Überleben erfordert ganzheitliche Kampfmaßnahmen, verbunden mit effektivem Waffengebrauch.

Aufgabe: Nutzen Sie alle Möglichkeiten aus, um zu gewinnen.

Ausführung: Schalten Sie Ihre Gegner so schnell wie möglich einen nach dem anderen aus. Sehen Sie sich einem Angreifer gegenüberstehen, während die anderen hinter ihm stehen, müssen Sie so lange Mann gegen Mann kämpfen, bis Sie alle erledigt haben. In einem solchen Einzelkampf müssen Sie schnell sein und heftig zuschlagen. Setzen Sie Ihre Waffen oder alles, was Sie als solche benutzen können, so effizient wie möglich ein und nehmen Sie sich einen Schurken nach dem anderen vor, damit Sie es nicht mit allen auf einmal zu tun bekommen. Sie müssen dann mitunter Ellbogenschläge austeilen, Ihr Messer oder Ihre Pistole ziehen – in welcher Reihenfolge auch immer.

No.090: WECHSEL VON MESSER ZU PISTOLE

Hilfe und Unterstützung: Trainieren Sie schrittweise, von einer Waffe zur anderen überzugehen (von Schlägen zum Messer, vom Messer zur Pistole und dergleichen). Wenn Sie die einzelnen Schritte beherrschen, können Sie alles miteinander verbinden, und Sie werden sehen, welche Wirkungen das in einem Ernstfall haben kann. Das erfordert jedoch, dass Sie die verschiedenen Kampftechniken beharrlich und regelmäßig üben.

Anweisung und Kontrolle: Wenn Sie ständig um Ihre Gegner herumtänzeln und sie von der Seite in Schach halten, sodass sie alle hintereinander stehen und Sie somit aus dem Konzept bringen, erhöhen sich mit immer größer werdender Wahrscheinlichkeit Ihre Chancen, diesen Überfall zu leben. Bewegen Sie sich stets in einem großen Bogen um die Kerle und achten Sie darauf, wer sich unmittelbar auf sechs Uhr vor Ihnen befindet. Denn derjenige, von dem Sie dachten, er sei am Boden, kann auch derjenige sein, der im nächsten Moment wieder aufsteht.

091 Das Verbergen der Waffe

Situation: Ob Messer oder Pistole – Sie müssen sich zuallererst darüber im Klaren sein, dass Sie bewaffnet sind und niemand anderes es mitbekommt. Ihre Waffen sicher am Körper zu haben und stets darauf zu achten, dass sie nicht zu sehen sind, kann Ihr Leben retten. Sie können sich dessen vergewissern, ohne selbst nach Ihren Waffen zu schauen. Wenn Sie zum Beispiel spüren, dass der Saum Ihres Hemds oder T-Shirts glatt über dem Hosenbund liegt, ist Ihr Messer oder Ihre Pistole gewiss gut kaschiert. Oder Sie betrachten sich in einem Schaufenster oder Spiegel. Dann werden Sie feststellen, ob Ihre Waffe zu sehen ist oder sich durch den Stoff abzeichnet. Schließlich wollen Sie in der Öffentlichkeit nicht zeigen, wozu Sie fähig sind.

Aufgabe: Zeigen Sie nicht, dass Sie bewaffnet sind.

Ausführung: Ganz gleich, wo Sie sich gerade befinden, ob in einer großen Menschenmenge oder in einer Schlägerei auf einem abgelegenen Wanderweg: Lassen Sie sich auf keinen Fall entwaffnen. Sollte Ihr Gegner absichtlich oder, wenn sich ihm die Gelegenheit zufällig bietet, versuchen, in Besitz Ihrer Waffe zu kommen – ein Messer, dass noch in der Scheide steckt oder eine Pistole, die noch im Holster sitzt –, schlagen Sie mit Ihrem Unterarm auf sein Handgelenk, damit er Ihre Waffe nicht zu fassen bekommt.

Hilfe und Unterstützung: Trainieren Sie diese Technik an verschiedenen Stellen rund um Ihre Hüfte, wo auch immer Sie die Pistole tragen, ob auf drei Uhr oder fünf Uhr: Sie müssen wissen, wie es sich anfühlt, wenn Sie sich in einem Kampf verrenken und Ihre Waffen nicht mehr an der Stelle sind, wo sie sein sollten. Achten Sie auf den Abstand zwischen Ihrem Arm und Ihrem Körper, wenn Sie auf das Handgelenk des Schurken schlagen, damit Sie Platz genug für Ihren Schlag haben und Ihre Waffen dort bleiben, wo sie sind.

No. 091: DAS VERBERGEN DER WAFFE

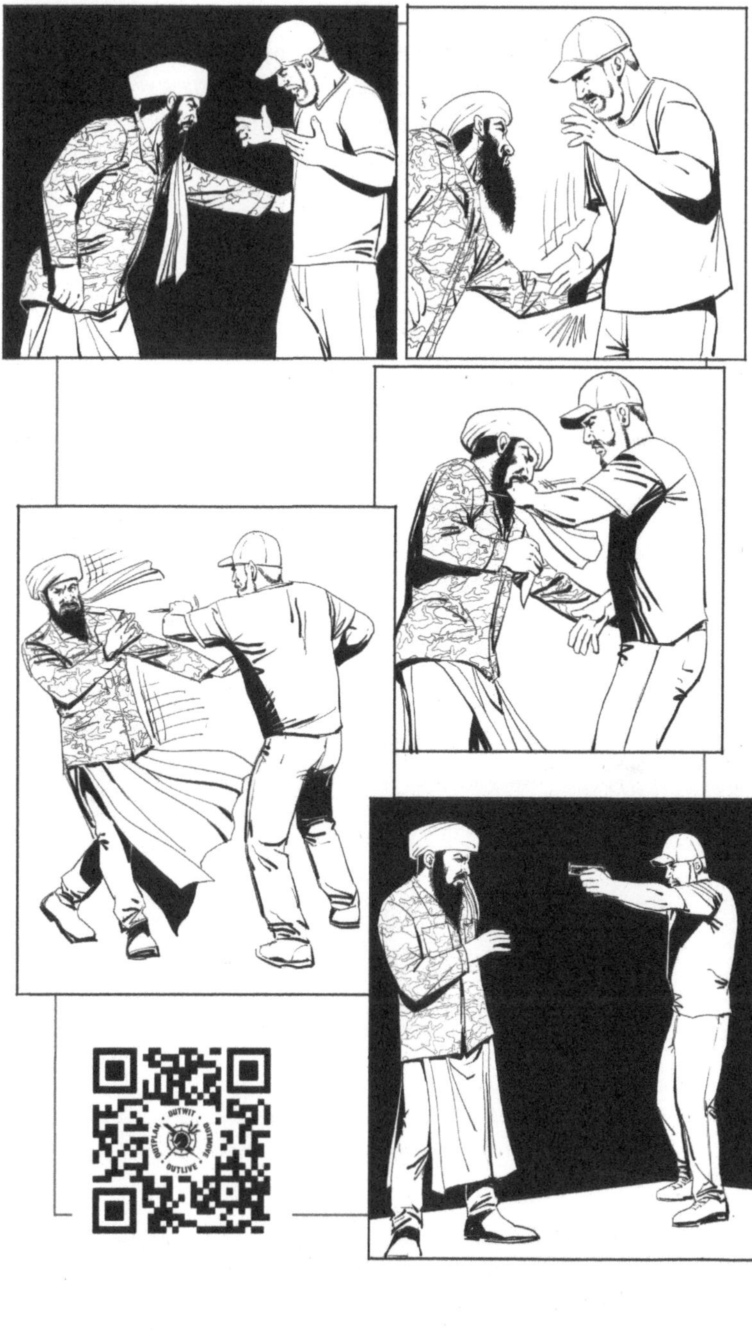

Anweisung und Kontrolle: Entscheidend ist, wie Sie sich nach außen hin präsentieren und verhalten. Werfen Sie einen Blick in den Spiegel, bevor Sie aus dem Haus gehen. Achten Sie darauf, dass Sie nichts Auffälliges tragen, das die Aufmerksamkeit auf Sie lenken könnte. Vergewissern Sie sich, dass Ihr Hemd oder T-Shirt Ihre Taille gut bedeckt, sodass von Ihren Waffen nichts zu sehen ist. Kontrollieren Sie daher, ob alles richtig sitzt, indem Sie nach dem Saum tasten oder gelegentlich Ihr Spiegelbild betrachten.

092 Kombinierter Einsatz von Ellbogen und Pistole

Situation: Sowohl Sie als auch Ihr Gegner haben hinsichtlich des Timings einen Vor- oder Nachteil, wenn Sie sich innerhalb der Reaktionszone befinden. Der Gewinner wird wohl derjenige sein, der als Erster agiert. Wenn der Bösewicht zuerst zuschlägt, Sie aber merken, dass es gar kein Schlag, sondern ein Messerstich war, haben Sie verloren. Wenn der Schuft eine Pistole oder ein Messer zieht, müssen Sie mit einem heftigen Schlag reagieren, der Ihnen genügend Zeit verschafft, den Gegner zu töten.

Aufgabe: Dreschen Sie mehrmals mit dem Ellbogen auf den Gegner ein und ziehen Sie Ihre Pistole.

Ausführung: Wenn Sie sich in der Reaktionszone befinden:

1. Schlagen Sie mit dem rechten Ellbogen einen Aufwärtshaken und verpassen Sie dem Gegner mit dem linken Arm einen horizontalen Ellbogenschlag.
2. Cross-Body-Check: Drücken Sie mit dem linken Arm kräftig gegen den Hals oder die obere Brustpartie des Angreifers.
3. Ziehen Sie Ihre Waffe.

Behalten Sie den Abstand bei und schießen Sie dem Feind ins Becken und nicht in seine Brust, damit Sie nicht versehentlich in Ihren Arm schießen.

No. 092: KOMBINIERTER EINSATZ VON ELLBOGEN UND PISTOLE

Hilfe und Unterstützung: Die Beinarbeit spielt eine wichtige Rolle, um den Gegner in Schach zu halten, sodass Sie Ihre Pistole unbehindert ziehen können. Üben Sie dieses Szenario mit ungeladenen und gesicherten Waffen, noch besser wären Gummipistolen, denn damit wird niemand verletzt. Überprüfen Sie Ihre Waffe stets zweimal und vergewissern Sie sich, dass Sie durch den Lauf und das Magazin hindurchsehen können. Wenn es um die Sicherheit von Waffen geht, so kann man diese nicht oft genug kontrollieren.

Anweisung und Kontrolle: Sie können während einer Schlägerei jederzeit von einem Cross-Body-Check zu einem Würgegriff übergehen, wenn der Gegner aggressiv gegen Sie vorgeht. Schieben Sie Ihren Unterarm an der Brust des Schurken bis hinauf zu seiner Kehle, denn sollte er nach vorne preschen, nimmt ihm das den Atem.

093 Sicherheitscheck zur Einsatzbereitschaft eines Gewehrs

Situation: Sie sollten stets wissen, ob Ihre Waffe geladen ist oder nicht; denn das Letzte, was sie hören wollen, ist ein Klicken statt eines Knalls. Überprüfen Sie also immer Ihre Waffe. Bei Schusswaffen spricht man von dem jeweiligen Zustand, in dem sich eine Waffe befindet, das heißt, ob sie einsatzbereit ist oder nicht. Zustand 0 bedeutet zum Beispiel, dass das Magazin eingelegt ist, sich eine Kugel im Patronenlager befindet und ob die manuelle Sicherung deaktiviert oder aktiviert ist (oft steht »S« für Sicher/Safe; »F« für Feuer/Fire). Zustand 1 bedeutet, dass ein Magazin eingelegt ist, sich eine Patrone im Lager befindet und die Waffe entsichert oder gesichert ist. Je höher die Zahl, desto weniger einsatzbereit ist die Waffe. Es ist gewiss nicht verkehrt, diese einzelnen Zustände zu kennen, aber sie sind sehr allgemein gehalten. Ein Gewehr muss noch gründlicher überprüft werden, um zu gewährleisten, dass es einsatzbereit ist.

Aufgabe: Halten Sie Ihr Gewehr per Sicherheitscheck kampfbereit.

Ausführung:

1. Legen Sie das Magazin richtig ein und ziehen Sie etwas daran, um sich zu vergewissern, dass es eingerastet ist.
2. Drehen Sie das Gewehr und drücken Sie gleichzeitig den Verschlussfanghebel, indem Sie den Daumen vom Magazingriff nach oben schieben.
3. Schauen Sie nach, ob eine Patrone im Lager ist, indem Sie den Verschluss ein Stück zurückziehen.
4. Betätigen Sie dreimal die Schließhilfe.
5. Schließen Sie die Staubschutzkappe.
6. Ziehen Sie ein weiteres Mal am Magazin.

No. 093: SICHERHEITSCHECK ZUR EINSATZ-BEREITSCHAFT EINES GEWEHRS

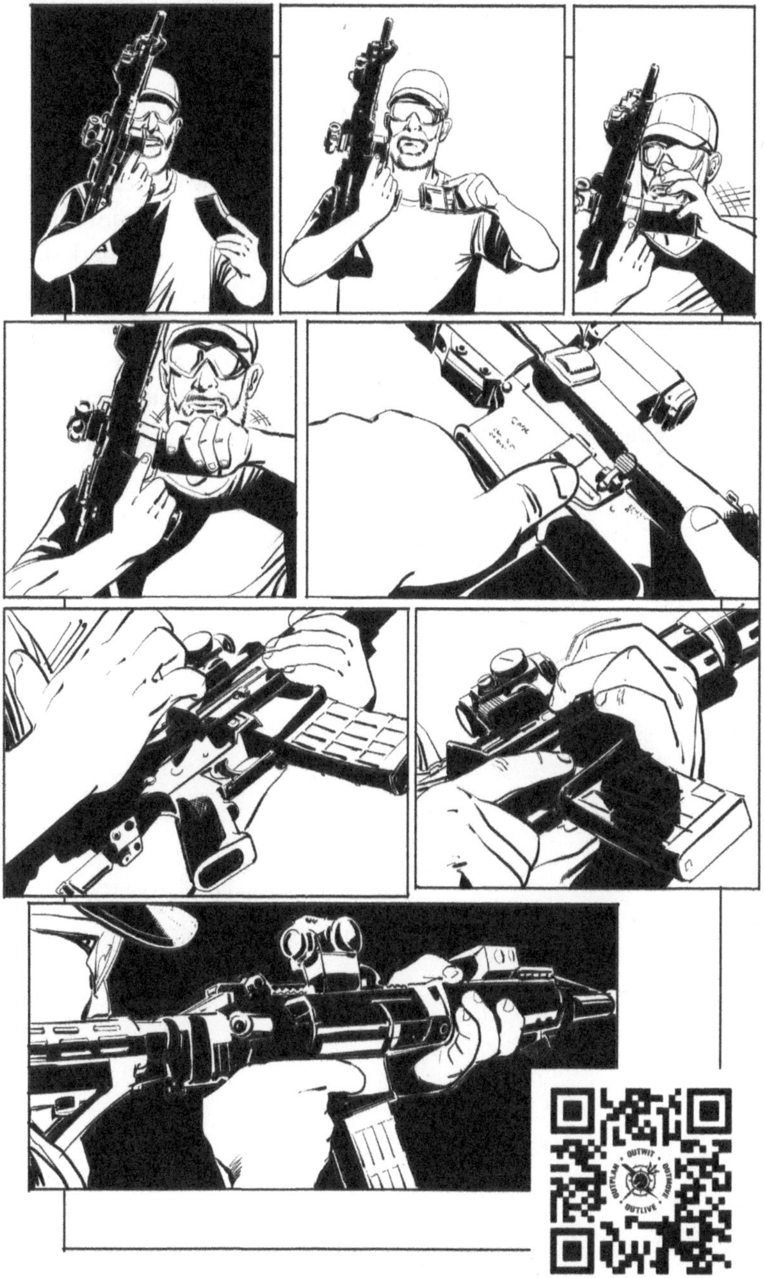

7. Halten Sie Ihr Gewehr bereit und stellen Sie die Optik entsprechend ein.
8. Vergewissern Sie sich, dass Ihr Laser und Licht richtig funktionieren.

Hilfe und Unterstützung: Das Durchlaufen der einzelnen Schritte, um sich zu vergewissern, dass alles ordnungsgemäß funktioniert, erfordert zwar etwas Übung, doch mit der Zeit wird es zur Gewohnheit, sodass Sie sicher sein können, dass Ihr Gewehr einsatzbereit ist. Setzen Sie sich selbst unter Zeitdruck und versuchen Sie, wenn Sie den Sicherheitscheck durchgehen, jedes Mal einen neuen persönlichen Rekord aufzustellen.

Anweisung und Kontrolle: Halten Sie Ihr Gewehr stets nah am Körper und auf Höhe Ihrer Augen. So können Sie auch sehen, ob sich hinter Ihnen eventuell weitere Angreifer befinden.

094 Der richtige Griff und die Kontrolle des Gewehrs

Situation: Die Art und Weise, wie Sie Ihr Gewehr halten, steht in direktem Zusammenhang damit, wie treffsicher Sie sein werden, wie Sie den Rückstoß abfangen, sodass die Waffe Ihnen nicht aus den Händen fällt und weiteren entscheidenden Faktoren, um ein guter Schütze zu werden. Es gibt vier grundsätzliche Schießpositionen: stehend, kniend, sitzend und liegend. Im Stand befindet sich das Gewehr in höchster Position, und wenn Sie stehen, haben Sie auch die größte Bewegungsfreiheit. Wenn Sie sich hinknien oder setzen, dient das hauptsächlich dazu, sich etwas kleiner zu machen und in Deckung zu gehen. Im Liegen haben Sie den meisten Halt. In allen vier Stellungen sollten Sie Ihr Gewehr so halten können, dass es auch Wirkung zeigt. Und wenn Sie sich irgendwo mit den Armen abstützen können, um einen besseren Halt zu bekommen, sollte Sie das auch tun.

Aufgabe: Behalten Sie die Kontrolle über Ihr Gewehr.

Ausführung: Umfassen Sie das Gewehr wie eine Pistole, sodass Ihr Handgelenk nach dem Lauf ausgerichtet ist. Lassen Sie Ihre Hand, mit der Sie schießen, locker und entspannt, dadurch können Sie schneller den Abzug betätigen. Wenn Sie sich bewegen oder laufen müssen, werden Sie die Waffe fester im Griff haben, aber das hängt stets von der Situation ab, in der Sie sich befinden. Neigen Sie zum Anvisieren nicht den Kopf, sondern verkanten Sie mit der Hand, mit der Sie schießen, das Gewehr leicht nach innen, damit sich Visier und Optik nach Ihrem Kopf, den Sie weiterhin gerade halten, ausrichten. Mit Ihrer anderen Hand fassen Sie den vorderen Griff so, dass Ihr Ellbogen leicht gebeugt ist. Mit diesem Arm drücken Sie das Gewehr auch gegen Ihre hochgezogene Schulter.

No.094: DER RICHTIGE GRIFF UND DIE KONTROLLE DES GEWEHRS

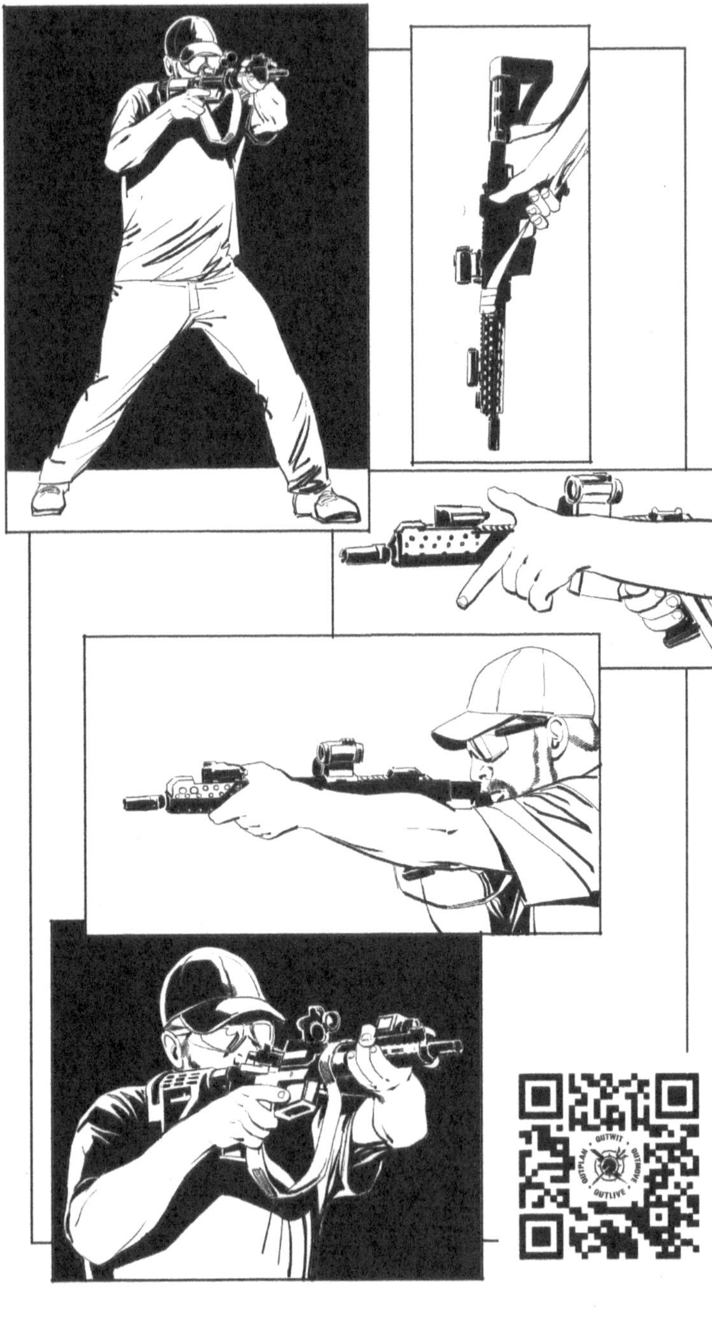

Hilfe und Unterstützung: Trainieren Sie beides zusammen – wie Sie das Gewehr halten und Ihre Körperhaltung, entweder zu Hause oder auf dem Schießstand. Üben Sie zu Hause mit einem gesicherten Gewehr, das nicht geladen ist. Nehmen Sie das Magazin und alle Kugeln aus dem Patronenlager heraus, ziehen Sie den Verschluss nach hinten und überprüfen Sie, ob Sie durch den Magazinschacht Tageslicht im Auswurffenster sehen. Überprüfen Sie das, falls nötig, doppelt und dreifach. Üben Sie, das Gewehr in allen vier Positionen kontrolliert zu halten.

Anweisung und Kontrolle: Sie sollten stets über den Zustand Ihres Gewehrs Bescheid wissen: ob die Patronen richtig im Magazin sitzen, ob eine Patrone im Lager ist oder nicht, ob der Verschluss vorne oder hinten gesichert ist und ob der Hebel auf »Sicher« oder »Feuer« steht. Stellen Sie sich diese Fragen immer wieder, um zu gewährleisten, dass das Gewehr einwandfrei funktioniert.

095 Kampfhaltung mit Gewehr

Situation: Kampfhaltung ist Kampfhaltung; ganz gleich, ob Sie mit Ihren Fäusten kämpfen, ein Messer oder eine Pistole ziehen oder ein Gewehr abfeuern – Ihre Haltung sollte stets dieselbe sein. Sie müssen Schlägen aus allen Richtungen widerstehen und sich gleichzeitig so bewegen, dass Sie Angriffen ausweichen können. Ihr Gewicht muss gleichmäßig auf beide Beine verteilt werden, damit Sie schnell reagieren können – wenn Sie sich vom Angreifer wegdrehen, ihm ausweichen und so weiter.

Aufgabe: Sorgen Sie für einen festen Stand, aber bleiben Sie wendig.

Ausführung: Springen Sie kurz hoch, sodass Ihre Füße knapp schulterbreit auseinanderstehen, wenn Sie wieder auf dem Boden sind. Machen Sie mit dem schwächeren Bein (bei den meisten Menschen das linke) einen kleinen Schritt nach vorne und richten Sie sich mit der Hüfte zum Ziel aus. »Verankern« Sie sich mit den Zehen im Boden, indem Sie sie nach unten krümmen. Spannen Sie Ihren Rumpf etwas an und lehnen Sie sich in Richtung Ihrer grünen Zone.

Hilfe und Unterstützung: Zu einer guten Kampfhaltung gehören auch die richtigen Schuhe. Bei den Spezialeinheiten haben Wandersneaker die kniehohen Kampfstiefel ersetzt. Profisportler sind von Schuhen mit dicker Sohle zu flachen Crosstrainingsschuhen übergegangen. Tragen Sie Schuhe, mit denen Sie sowohl laufen als auch kämpfen können. Mit leichten Schuhen, die schnell trocknen, haben Sie mehr Möglichkeiten.

Anweisung und Kontrolle: Selbstvertrauen beginnt mit einer guten Kampfhaltung. Wenn Sie sich richtig postieren, zeigen Ihre Schläge mehr Wirkung, Sie können besser Ihre Waffe ziehen, schärfer zielen und sind treffsicherer. Ihr ultimatives Ziel ist es, ein Fels zu sein, der fließt wie Wasser.

No. 095: KAMPFHALTUNG MIT GEWEHR

096 Schläge mit der Gewehrmündung

Situation: Ein Gewehr ist nicht nur zum Schießen da. Es ist ein Metallrohr mit Griffen und perfekt dafür geeignet, es in das Gesicht Ihres Gegners zu rammen. Der Spruch »Richten Sie Ihre Waffe nie auf etwas oder jemanden, auf den Sie nicht schießen wollen« bedeutet eine Einschränkung Ihrer Möglichkeiten. Natürlich gilt diese Regel als Sicherheitsanweisung auf dem Schießstand, aber Sie müssen nicht unbedingt abdrücken, wenn Sie Ihr Gewehr im Ernstfall auf jemanden richten. Mit anderen Worten: Sie können Ihr Gewehr bewusst und absichtlich auf einen Angreifer richten, müssen aber nicht auf ihn schießen. Es gibt Situationen, in denen es sinnvoller ist, auf jemanden einzuschlagen, als sofort zu feuern. Je nachdem, wie dunkel es ist oder wer plötzlich wie aus dem Nichts vor Ihnen steht, können Sie vielleicht nicht erkennen, ob es sich um Freund oder Feind handelt. Ein Schlag mit der Gewehrmündung ist eine Art Zwischenlösung, bis Sie schlauer sind.

Aufgabe: Stoßen Sie Ihr Gewehr in das Gesicht des Gegners.

Ausführung: Sie nehmen Ihre standfeste, kampfbereite Haltung mit angelegtem Gewehr ein. Jetzt schlagen sie dem Angreifer den Lauf gerade ins Gesicht oder vor die Brust. Sie halten den Gewehrschaft unter Ihrer Achselhöhle, etwa 35 Grad nach außen geneigt, und die Mündung befindet sich auf Höhe Ihrer Augen. Aus dieser Position heraus verpassen Sie dem Gegner gewissermaßen eine kurze Gerade (Jab) mit dem Gewehr. Wie bei jedem Jab machen Sie dabei einen energischen Schritt nach vorne, damit der Schlag den Schuft noch härter trifft. Danach ziehen Sie das Gewehr sofort zurück und nehmen wieder Ihre kampfbereite Haltung ein.

No.096: SCHLÄGE MIT DER GEWEHRMÜNDUNG

Hilfe und Unterstützung: Sie können zu Hause oder auf dem Schießstand üben. Vergewissern Sie sich, dass Sie daheim mit einem Gewehr trainieren, das nicht geladen und gesichert ist. Sie können Schattenboxen machen und dabei das Vorpreschen und das Schlagen mit dem Gewehr zusammen üben. Mit einem Partner, der seinen Arm mit Kampfpolstern schützt, können Sie die Treffsicherheit Ihres Schlags mit dem Gewehr trainieren. Wenn Sie statt der Kampfpolster schwere Säcke oder andere Polster benutzen, werden Sie wahrscheinlich Löcher in den Stoff reißen.

Anweisung und Kontrolle: Schläge mit der Gewehrmündung können tödlich sein, insbesondere wenn Sie auf den Schädel zielen. Um Ihren Gegner nicht gleich zu töten, schlagen Sie ihm vor die Brust, bis Sie die Gefahr einschätzen können.

097 Schießen mit einem Sturmgewehr

Situation: Bevor wir uns dem Schießen zuwenden, müssen wir zunächst ein paar Sicherheitsaspekte erwähnen. Für den Umgang mit Schusswaffen gelten vier Grundregeln:

1. Gehen Sie mit einer Schusswaffe stets so um, als wäre sie geladen. Auch wenn Sie wissen, dass sie nicht geladen ist.
2. Halten Sie Schusswaffen immer in eine Richtung, wo sie keinen Schaden anrichten können. Das ist in der Regel immer die Schussrichtung.
3. Lassen Sie den Finger vom Abzug, bis Sie genau wissen, dass Sie schießen müssen.
4. Beobachten Sie das Ziel und das, was sich vor und hinter Ihnen befindet. Sie wollen nicht auf etwas schießen, was Sie nicht gesehen haben.

Aufgabe: Sicherheit, Berührungspunkt, Spiel, Schuss.

Ausführung: Beachten Sie die folgenden vier Punkte, die auch für Ihre kampfbereite Körperhaltung gelten, um mit Ihrem ersten Schuss möglichst schnell und genau das Ziel zu treffen.

1. Während Sie Ihr Gewehr anheben, sollte Ihr Daumen den Hebel von »Sicher« auf »Feuer« umlegen.
2. Legen Sie einen Punkt fest, an dem Ihre Wange den Schaft berührt und Ihr Visier ausgerichtet ist.
3. Nehmen Sie das Spiel aus dem Abzugshahn, während Sie Ihr Ziel anvisieren.
4. Sobald Sie Ihr Ziel im Visier haben, drücken Sie den Abzug ganz durch.

No. 097: SCHIESSEN MIT EINEM STURMGEWEHR

Diese Abfolge ermöglicht es Ihnen, den ersten Schuss schnell und genau abzufeuern. Dann schultern Sie das Gewehr sofort wieder und kämpfen, falls nötig, weiter.

Hilfe und Unterstützung: Die vier letztgenannten Schritte erfordern Zeit und Übung. Gehen Sie das Ganze langsam an und konzentrieren Sie sich auf jeden Schritt, mit der Zeit geht Ihnen das alles schneller von der Hand. Sie können daheim oder auf dem Schießstand üben. Wenn Sie zu Hause trainieren, stellen Sie sicher, dass Ihre Waffe nicht geladen und gesichert ist und sich keine Patronen im Lager oder in der Nähe des Gewehrs befinden. Es ist auch ratsam, mit der Optik und der Visiereinrichtung zu üben und sich mit beiden Komponenten vertraut zu machen.

Anweisung und Kontrolle: Wenn Sie wie aus heiterem Himmel angegriffen werden, müssen Sie geübt sein, denn nur so können Sie mit dem »Überraschungsangriff« fertigwerden. Man muss trainieren, rechtzeitig zu reagieren. Wenn Sie sich nicht angemessen wehren oder verteidigen können und Ihr Gegner die Oberhand gewinnt, müssen Sie Ihre Waffen einsatzbereit machen und sich gleichzeitig schnell bewegen.

LECLAIR, MONTY

DER HARTE KERL

Codename: Overwatch
Grundlegende Skills: Scharfschütze, Langstreckenschießen
Weiterführende Skills: Gewehrkonstrukteur

Hintergrund: Monty Leclair ist ein hochdekorierter Kriegsveteran mit mehr als 20 Jahren Erfahrung im Bereich Spezialoperationen bei der Naval Special Warfare Command (Führungskommando für die Sondereinsatzkräfte der US Navy). Während seiner Dienstzeit war er mit den SEAL-Teams 4, 5 und 7 im Einsatz. Er arbeitete bei der Navy an der Entwicklung von Kampfsystemen und Einsatztests und deren Auswertung. Monty war dreieinhalb Jahre lang als zertifizierter Sicherheitsbeauftragter Ausbilder für den Scharfschützenkurs der Sondereinsatzkräfte der US Navy. Seit mehr als 25 Jahren Waffenliebhaber und -konstrukteur, konzentrierte sich Monty auf die AR-15/M4 in allen Konfigurationen, auf die AR-10/SR-25 sowie auf Repetiergewehre und 1911-Handfeuerwaffen. Als Chefdesigner und Produktentwickler für Centurion Arms greift er auf jahrelange Erfahrungen im Spezialeinsatz zurück, um dem Kunden das bestmögliche Produkt zu bieten.

MUAMMAR GADDAFI

DER FEIND

Hintergrund: Gaddafi tötete einst seinen Außenminister und bewahrte die Leiche anschließend in einer Gefriertruhe in seinem Palast auf, um sich regelmäßig an der Leiche weiden zu können. Er besuchte Klassenzimmer mit 15- und 16-jährigen Mädchen und tätschelte denjenigen, die er mochte, auf den Kopf. Die ausgewählten Mädchen wurden von Gaddafis Sicherheitsteam abgeführt, gynäkologisch untersucht und mit pornografischen Videos konfrontiert (um sie in Gaddafis Sinne zu erziehen), bevor sie vergewaltigt und dann ins Heim gesteckt wurden. Er schoss absichtlich eines seiner eigenen Flugzeuge ab, teils aus Spaß an der Freude, teils um dem Westen zu zeigen, dass die gegen ihn verhängten Sanktionen Libyen nicht so sehr schaden, als dass es sich den Unterhalt seiner Flugzeuge nicht mehr leisten könne. Sein Regime war so skrupellos, dass er 1984 die Polizistin Yvonne Fletcher vor der libyschen Botschaft in London, England, ermorden und 1988 den Pan-Am-Flug 103 über Lockerbie, Schottland, abstürzen ließ, bei dem 270 Menschen ums Leben kamen.

098 Anvisieren mit Zielfernrohr

Situation: Ziel des Anvisierens ist es, die Visierung und den Lauf Ihres Gewehrs aufeinander abzustimmen. Wichtig ist der Unterschied zwischen dem Anvisieren eines Gewehrs und der Zielgenauigkeit, da diese beiden Begriffe manchmal verwechselt werden. Die Zielgenauigkeit eines Gewehrs bezieht sich darauf, ob die abgegebenen Schüsse dicht nebeneinander einschlagen. Ein Gewehr kann zwar genau sein, aber trotzdem das Ziel nicht treffen. Ein Gewehr, das genau ist, muss eingeschossen werden, sonst trifft man das Ziel nicht. Umgekehrt schießt ein Gewehr, das richtig eingeschossen ist, nicht automatisch dichte Schussfolgen. Ein richtig eingestelltes Gewehr ist ein Gewehr, dessen Schüsse vorhersagbar in bestimmten Abständen (Zielgenauigkeit) einschlagen und im gewünschten Ziel, zum Beispiel in der Mitte eines Bullauges, landen. Der Rest hängt von dem Können des Schützen ab.

Aufgabe: Genau zielen, genau treffen.

Ausführung: Das Einschießen Ihres Gewehrs, egal ob mit Zielfernrohr oder Eisenvisier ausgestattet, ist nicht kompliziert, kann aber verwirrend sein. Der erste Schuss sollte aus höchstens 45 Metern abgegeben werden, idealerweise aus 23 Metern, nur für den Fall, dass Ihr Gewehr und Ihr Zielfernrohr nicht richtig ausgerichtet sind. Wenn Sie aus größerer Entfernung beginnen, treffen Ihre ersten Schüsse möglicherweise nicht einmal das Papier, und Sie können die erforderlichen Anpassungen nicht vornehmen. Beginnen Sie daher aus geringer Entfernung, um sicherzustellen, dass die Kugeln das Papier treffen und Sie sich auf ein längeres Einschießen einstellen können. Denken Sie beim Einstellen des Eisenvisiers daran, die Kimme von oben nach unten und von links nach rechts in die Richtung zu bewegen, in die Sie Ihre Schüsse lenken wollen. Lesen Sie bei einem Zielfernrohr die Bedienungsanleitung, um festzustellen, ob die Einstellungen des Zielfernrohrs einen Viertel Zoll, einen halben Zoll oder einen Zoll auf 90 Meter betragen. Da die Einstellungen eventuell auf 90 Metern basieren,

No.098: ANVISIEREN MIT ZIELFERNROHR

müssen Sie beim Schießen aus nur 45 Metern Entfernung die Anzahl der Klicks am Stellknopf verdoppeln und aus 23 Metern vervierfachen, um die gleiche Veränderung hinsichtlich des Einschlaglochs auf dem Ziel zu erreichen.

Hilfe und Unterstützung: Die Physik spielt ab dem Moment eine Rolle, in dem Sie den Abzug ziehen. Sobald das Geschoss die Gewehrmündung verlässt, wird es durch die Schwerkraft nach unten gezogen. Der Punkt, an dem die Kugel auf dem Boden auftrifft, hängt davon ab, wie hoch Sie zielen, und von der Ballistik der Patrone. Beim Einschießen eines Gewehrs wird festgelegt, wie hoch das Gewehr ausgerichtet werden muss, um das Ziel aus verschiedenen Entfernungen zu treffen.

Anweisung und Kontrolle: Nehmen Sie stets eine gute Körperhaltung ein, um sicherzustellen, dass Sie »eins mit dem Gewehr werden«. Je weiter das Geschoss fliegt, desto entscheidender werden Körpermechanik und Atmung. Wenn es an der Zeit ist, den Abzug zu ziehen, sollte er auch das Einzige sein, was sich bewegt. Sie sollten beim Schießen weder atmen noch sich bewegen. Die Abzugsbewegung sollte so langsam vonstattengehen, dass Sie fast überrascht sind, wenn der Schuss fällt.

099 Anpirschen und zuschlagen

Situation: Die Hauptaufgabe eines Scharfschützen besteht darin, ausgewählte feindliche Ziele mit Präzisionsfeuer aus großer Entfernung auszuschalten. Wie gut der Scharfschütze seinen Auftrag erfüllt, hängt von der Kenntnis, dem Verständnis und der Anwendung verschiedener Einsatztechniken ab, die es ihm ermöglichen, sich zu bewegen, sich zu verstecken, zu beobachten und Ziele aufzuspüren.

Aufgabe: Beobachten, aber sich nicht beobachten lassen.

Ausführung: Tarnung ist eine der grundlegenden Waffen der Kriegsführung. Eine gelungene Tarnung kann den Unterschied zwischen einem erfolgreichen oder erfolglosen Einsatz ausmachen. Für den Scharfschützen kann sie den Unterschied zwischen Leben und Tod für sich und sein Ziel bedeuten. Die Kunst des Anschleichens besteht darin, sich zu verstecken, mit der Umgebung zu verschmelzen und den Gegner zu täuschen. Bei der Tarnung kann ein Scharfschütze künstliche oder natürliche Vegetation nutzen, um für Beobachter unsichtbar zu werden. Das stundenlange Verharren in einer unbeweglichen Position kann manchmal eine der größten Herausforderungen bei der Verfolgung der Beute darstellen. Wenn sich der Scharfschütze vor einem unbeweglichen Hintergrund bewegt, hebt er sich deutlich ab. Scharfschützen bewegen sich langsam und vorsichtig Zentimeter für Zentimeter und halten stets Ausschau nach Ihrer nächsten Position.

Hilfe und Unterstützung: Auch Geräusche und Bewegungen spielen beim Anpirschen an das Ziel eine Rolle. Denken Sie daran, dass man Geräusche vor allem dann hört, wenn es dunkel ist. Geräusche können verursacht werden, indem der Scharfschütze sich bewegt, die Ausrüstung klappert oder der Schütze mit seinem Schussbeobachter spricht. Mitunter verschmelzen im Freien leisere Geräusche mit lauteren, aber sprechen können nur Menschen, und wenn sie gehört werden, kann man sie auch ausfindig machen.

No.099: ANPIRSCHEN UND ZUSCHLAGEN

Es ist daher äußerst wichtig, dass Sie so wenig Geräusche von sich geben wie möglich, wenn Sie sich auf Ihr Ziel zubewegen.

Bewegungen sind am auffälligsten bei Tag, wenn Beobachter Sie sehen können. Das menschliche Auge registriert zuerst Bewegungen, bevor es Farb- oder Formabweichungen wahrnimmt. Schnelle und ruckartige Bewegungen werden eher erkannt als langsame und gezielte Bewegungen.

Anweisung und Kontrolle: Die vier Elemente der Beobachtung sind wahrnehmen, verstehen, aufzeichnen und reagieren. Diese vier Schritte lassen sich separat oder gleichzeitig durchführen.

1. Wahrnehmung bedeutet, sich bewusst auf einen bestimmten Sachverhalt einzustellen. Ein Scharfschütze muss sich seiner Umgebung stets bewusst sein und darf nichts als selbstverständlich hinnehmen.
2. Verstehen ergibt sich aus Ausbildung, Training, Praxis und Erfahrung. Es verbessert das Wissen des Scharfschützen darüber, was beobachtet werden sollte, und seine Fähigkeit, alle Aspekte zu betrachten und zu berücksichtigen.
3. Aufzeichnung ist die Fähigkeit, das Beobachtete zu speichern und abzurufen. In der Regel verwendet der Scharfschütze Hilfsmittel wie Schreibutensilien, Datenbücher, Skizzenmappen, Kameras und andere Dinge, um etwas aufzuzeichnen.
4. Reaktion bedeutet, dass der Scharfschütze seine Informationen verarbeitet, um seine Mission zu erfüllen. Sie kann so einfach sein wie das schriftliche Festhalten von Ereignissen in einem Datenbuch, ein Anruf oder das Abgeben eines gezielten Schusses.

100 Ein Versteck in der Stadt einrichten

Situation: In einem städtischen Gebiet muss sich der Schütze anders positionieren als in freier Natur. In einer Stadt hat er in der Regel mehrere Orte zur Auswahl; diese können von Dachböden über Straßen und Fußwegen bin hin zu Kellern reichen. Diese Umgebung ist ideal für ihn, und ein Scharfschützenteam kann den Vormarsch des Feindes im jeweiligen Zuständigkeitsbereich aufhalten.

Aufgabe: Treffen, nicht getroffen werden.

Ausführung: Bei einem Versteck in einem Raum oder Zimmer feuert der Scharfschütze durch ein Fenster oder eine kleine Öffnung. Die Möbel, Schreibtische oder Tische sollten so hingestellt werden, dass sie als Waffenauflage dienen. Bei der Wahl eines geeigneten Standorts muss der Schütze sowohl die vorderen als auch die hinteren Fenster berücksichtigen, damit sich seine Silhouette nicht darin abzeichnet. Mithilfe einer dunklen Decke, einer Leinwand, eines Teppichs oder Paravents lässt sich der Raum etwas abdunkeln, sodass man den Schützen von draußen weniger gut sieht. Solche improvisierten »Schutzwände« sind unerlässlich, da der Schütze mit deren Hilfe das Zielgebiet optimal beobachten kann und die Wahrscheinlichkeit verringert, dass der Feind sein Versteck entdeckt. Vorhänge sollten nicht entfernt werden, aber Fenster können geöffnet und Glasscheiben teilweise entfernt werden.

No. 100: EIN VERSTECK IN DER STADT EINRICHTEN

Hilfe und Unterstützung: Um in einer Stadt in Stellung zu gehen, muss der Scharfschütze beachten, wie die nähere Umgebung aussieht. Bevorzugt wird durch kleine Öffnungen in verbarrikadierten Fenstern geschossen, doch das Team muss sicherstellen, dass alle anderen Fenster in der Nähe ebenfalls verbarrikadiert sind. Für »Schießscharten« in anderen Fenstern zu sorgen bietet zudem mehr Möglichkeiten, das Ziel aus unterschiedlichen Richtungen ins Visier zu nehmen. Diese Schießscharten sollten unterschiedlich groß sein und verschiedene Formen haben; perfekte Kreise und Quadrate sind zu vermeiden. Scharfschützen, deren Einsatzgebiet eine Stadt oder eine Ortschaft ist, können sich in Zimmern oder Dachsparren verstecken – oder an Stellen hineinkriechen, wo es wirklich ganz eng ist.

Anweisung und Kontrolle: Der Lauf der Geschichte hat gezeigt: Besitzt man genaue Informationen über die Stärke, die Ausrüstung und den Standort des Gegners, führte das dazu, das Schlachten und Kämpfe gewonnen und ganze Länder erobert wurden. Während dem Scharfschützen die sekundäre Aufgabe zukommt, Informationen zu sammeln und zu melden, kann der Kommandant handeln, anstatt zu reagieren.

ANMERKUNG DER AUTOREN

Die in diesem Buch genannten Skills sollte man kennen – und sie sollten geübt und in sicherer Weise trainiert werden. Noch wichtiger aber ist: Wir hoffen, dass Sie sie nie anwenden müssen. In Ihrer Fantasie können Sie töten, aber nicht im wirklichen Leben (es sei denn, Sie werden durch einen oder mehrere Angreifer lebensgefährlich bedroht). Respektieren Sie die Rechte anderer und die Gesetze Ihres Landes. Möge der Beste gewinnen.

ÜBER DIE AUTOREN

Clint Emerson, Navy SEAL im Ruhestand, hat 20 Jahre lang Spezialeinsätze in der ganzen Welt durchgeführt, während er dem SEAL Team 3, der National Security Agency (NSA) und einer Spezialeinheit angehörte.

H. Keith Melton, Absolvent der US Naval Academy, ist ein Geheimdiensthistoriker und Spezialist für geheime Technologien, Spionage und Spionagepraxis. Melton ist Autor zahlreicher Spionagebücher.

ÜBER DEN ILLUSTRATOR

Tom Mandrake entwirft und illustriert seit mehr als 40 Jahren Bücher, Comics und Graphic Novels. Einige der Titel, an denen er mitgearbeitet hat, sind *Batman*, *The Spectre*, *The Martian Manhunter*, *The Punisher*, *The New Mutants*, *The X-Files*, *Creeps*, *To Hell You Ride* und *Kros: Hallowed Ground*.